JN001557

# はじめに

現在、美容室は全国に25万軒ほどあります。コンビニエンスストアは全国で約６万軒、信号機は全国に約20万基ですから、美容室がいかに多いかが分かります。

路面店の１階に空きができると、そこに新たに入るのは美容室かコンビニ。繁華街に真新しい商業ビルがオープンすると、テナントとして美容室が２～３軒は入るのが当たり前という状況になっています。

そう聞くと美容業界は成長しているように思えるかもしれませんが、実態はマイナス成長が続いています。２０１５年度に１兆５２２０億円だった業界全体の売上は、２０１９年度は１兆４９６６億円、じりじりと減っています。

しかも２０２１年度は新型コロナウイルス感染拡大による外出自粛の影響が避けられず、さらに悪化することが予測されています。

そんな美容業界にあって、千葉県松戸市で5軒の美容室「Saku（サク）」を展開している私たちネオ・ゼロは、グループ創業から20年以上にわたり一貫して黒字経営を続けています。コロナ禍が吹き荒れた２０２０年も、グループ全体では黒字をキープすることができました。

私たちが20年以上黒字経営できているのは、美容業界の古い常識にとらわれない非常識経営を貫いているからだと思っています。

独立する際は半径３km以内に店を出してはいけない、社内恋愛禁止、顧客第一主義、跡は子どもたちに継がせる……。こうした美容業界のしきたりを私はすべて否定しています。同業者からは、「おかしなチャレンジをするなぁ」と呆れられますが、おかしいのは旧来の常識のほうだと考えています。


私は、「青コーナー経営者」を自任しています。格闘技のリングでは赤コーナーがチャンピオンかランキング上位者で、青コーナーが挑戦者かランキング下位者。「青コーナー経営者」とは、逆境に立ち向かうチャレンジ精神を失わない経営者でありたいという意味を込めた自称なのです。

「青コーナー経営者」としての私は、「日本の美容業界を変える」という大きな夢を抱いています。その夢は単に胸に秘めているだけではなく、折に触れて「美容業界は変わらなければならない」と情報発信を続けています。

なぜ美容業界は変わらなければならないのか。その理由は美容業界の実態が限りなくブラックに近いグレーだから。この部分を変えない限り、美容業界に明るい未来はないと私は考えています。

長時間労働がまかり通り若者のやりがいを搾取して低賃金を強いる一方、福利厚生の仕組みがきちんと整っていない……。そんな美容室が少なくないのです。その結果、かつて美容師は子どもの憧れの職業に数えられた時代もあったのに、美容師を志す若者たちは確実に減ってきています。

こうした状況を変えるためにも、私は「Ｓａｋｕ」を美容業界がグレーからホワイトへ変わるうえでの新しいロールモデルの一つにしたいと願い、志に共感してくれる若いスタッフと切磋琢磨しながら日々努力を重ねています。

私たちが5店舗を展開している松戸市は、人口およそ50万人。千葉県では4番目に大きな都市ですが、全国的な知名度は高くありません。これといった観光名所があるわけではありませんから、関東圏に住む人でも名前は知っているけれど行ったことがないという人が大半ではないでしょうか。

私自身は和歌山県の出身で、松戸市とは縁もゆかりもありません。独立する際、松戸市にあった修業先の店舗を譲り受けたことから松戸市を基盤としているのです。

私が「美容業界を変える」という夢を語っても、「松戸の小さな美容室でちょっと成功しているだけ。それだけの実績で美容業界が変えられるわけがないでしょ」といった疑問の声が上がることも覚悟しています。

しかし、逆説的に聞こえるかもしれませんが、松戸のような小さな町にロールモデルを作ることこそ大きな意義があると私は考えています。

美容師が、多くの人が集まる都心で開業し成功できたとして、松戸のような地方都市でも同じように成功できるとは限りません。都心と、松戸のようにどこにでもあるような地方都市とでは、マーケットがまったく異なるからです。

一方、松戸のような地方都市で成功できたら、それをロールモデルとして（都心以外の）日本全国で成功できる可能性があります。

「Ｓａｋｕ」の常識が、業界の常識となり、同じような美容室が日本各地にできたとき、日本の美容業界は変わり、美容室が若者たちがいきいきと働ける場所になってくれると私は信じています。

本書には、「青コーナー経営者」としての私のこれまでの歩みとチャレンジ、方法論を結集させています。

この本が、美容室の経営に悩むサロンオーナー、これから美容師を目指す若者たち、将来独立を考えている美容師へのエールとなれば著者として望外の喜びです。さらには美容業界以外で、既成の業界の常識の高い壁に挑む経営者やビジネスパーソンにとっても、突破口のヒントが提供できるのではないかと自負しています。ご一読いただければ幸いです。

# 目次

第2章

## 社員第一主義がポリシー

### 人を選ぶ・育てる・巣立たせる

第3章

# リピーターを作る接遇の秘密

## マニュアルなしの接客術

## 第4章 顧客を逃さないドミナント戦略と店舗設計の秘密

### 店舗はオンリーワンが命

第5章

## サロン経営者のリーダーシップ論

### 「決して怒らない」が鉄則



第6章

## 経営に必要なことは、すべて子ども時代・修業時代に学んだ

### 小学校3年生から10年間の新聞配達で学んだこと

# 第1章

# サロン業界の常識を打ち破る

## 7つの非常識

日本の美容業界には、次のような常識が長年まかり通っています。

・サロンから独立する際、弟子は近くにお店を出してはいけない。
・社内恋愛は禁止。発覚したら、配置換えしても文句を言わせない。
・サロンオーナーは高級な外車に乗り、休日は優雅な暮らしを送っている。
・オーナーは経営しているお店に頻繁に顔を出すもの。
・お客さまは神さま。顧客第一主義。
・サロンはオーナーの子どもが跡を継ぐ。
・人の真似では成長しない。オリジナルの技術を確立させてこそ一人前。

一方、私たちの美容室では、これまでのサロン経営の常識をひっくり返すような非常識なやり方を貫いています。それが「7つの非常識」です。

私自身は、正直にいうと「7つの非常識」が〝非常識〟だとは思っていません。私の基準に照らすと、本来は「7つの非常識」＝「7つの常識」だと思っています。常識がなぜか非常識になってしまうこの状況が、今の日本の美容業界が抱えている問題点なのです。

いつの日になるかは分かりませんが、「７つの非常識」を「７つの常識」に変えるのが、私の夢です。そのとき日本の美容界はドラスティックに変わるでしょう。

この章では、私が考える常識である「７つの非常識」を順番に紹介したいと思います。

それは次のとおりです。

非常識１　スタッフが独立する際、近くにお店を出してはいけないとは言わない
非常識２　社内恋愛は反対しない
非常識３　高級外車は買わない、休日にゴルフはしない
非常識４　経営しているお店に顔を出さない
非常識５　社員第一主義、顧客第二主義
非常識６　子どもに跡を継がせない
非常識７　良いモノは徹底してパクる

非常識1

# スタッフが独立する際、近くにお店を出してはいけないとは言わない

美容業界では、修業先のサロンを辞めて独立する際、独立元のお店の近くに店舗を出してはいけないというのが不文律になっています。独立するなら「最低3㎞は離れろ」とか「少なくとも3駅は離れなさい」といった指導をするサロンが多いのです。

もしも、その不文律を破ってしまったら、サロンオーナーからは「飼い犬に手を噛まれた」とか「誰のおかげで一人前になれたと思っているのか。恩知らずも甚だしい」といった罵詈雑言を浴びせられることすらあるようです。

しかし、私は、新たに独立するスタッフに、「近くにお店を出してはいけない」と言ったことは一度たりともありません。

「近くにお店を出してはいけない」と厳命するサロンオーナーは、独立した弟子が近所にお店をオープンさせたことで、狭い商圏で限られたお客さまの奪い合いになることを危惧

していきます。サロンに通うお客さまのなかには、オーナーの私ではなく弟子のことを気に入って通ってくれる方もいらっしゃいますから、その弟子が独立するとなればお客さまも独立したほうのサロンに通うことになります。そうすると当然、独立元に通ってくれるお客さまは減ってしまうわけですから、奪い合いになってしまうということです。

独立する弟子だって、「近くにお店を出したら、師匠のお店の不利益になる。それまで苦労をともにしてきた仲間たちにも迷惑を掛けてしまう」ということは分かっているため、近くで独立してはいけないということが暗黙の了解となっているのです。

私は「近くにお店を出す」ということを全面的に推奨しているわけではありませんが、近所で絶好の物件に巡り逢った場合は、近くにお店を開いて構わないと思っています。

都市部の繁華街の商業ビルのテナントには、必ずといっていいほど美容室が入ります。それも１軒ではなく、同じビルに２軒も３軒も入ることが珍しくないのが現状です。

そういう状況ですから、仮に条件の良い物件が近所にあったとしたら、独立した弟子が入らないとしても、目ざといほかのサロンが入るでしょう。

近くに美容室ができるなら、私はむしろ身内の新店のほうがいいと思っています。

仮に、今まで店長を務めていたスタッフが辞めて、たまたま近隣に良い物件を見つけてお店を開いたとします。その元店長のお客さまとしては、自らの生活圏に近かったら、追いかけたくもなるでしょう。優しいお客さまなら、「こんな近くにお店を出して大丈夫なの？」と心配すらしてくれるでしょう。

その際、「近くにお店を出したらダメだよと言われていたんですけど、絶好の物件があったので、近くに出しちゃったんですよね」と告白するのか、あるいは「いや、オーナーは独立を本気で応援してくれていて、いい物件があったら近くに出してもＯＫだよと言ってくれました」という言い方ができるのかでは、大きな違いがあります。

店長が独立してお客さまが付いていった場合、「近くはダメだと言われていたのに、内緒でこっそり出したんです」と告白されたら、お客さまは心理的に元のサロンには二度と戻れなくなります。浮気した気分になるからです。

「オーナーは応援してくれています」と言われたお店なら、お客さまは新店の予約が取れないときは、「じゃあ、今日は前のお店でやってもらうわ」と言いやすくなります。

美容業界では、独立すると１人もしくは少人数、または夫婦２人でやっていくパターンが大半です。そのため開業当初は、一度に多くのお客さまをさばき切れないために、予約がなかなか取れない可能性のほうが高いといえます（せっかく卒業したのですから、予約が取れないくらい繁盛してほしい、と私は心から願っています）。

お客さまから「あの店長さん、この間独立したんですよね」と声を掛けられたとしたら、「そうなんですよ。今はまだ売上がないかもしれないから、行ってあげてください」と応えるくらいの度量はもっておきたいと思っています。

独立したスタッフのお店にお客さまが行くのを浮気ととらえるのではなく、支店に行ってくださったという感覚でとらえていたら、どちらにもデメリットはありません。本店と支店、あるいは兄弟店という感覚なら、お客さまはどちらにも通いやすいので、お互いにウィン・ウィンの関係でいられるのです。

実際、うちの店舗から極めて近い場所でスタッフが独立したケースがあります。なぜなら独立したスタッフの実家からわずか３００ｍのところに良い物件があったからです。そこはうちの店舗から約３・５㎞のところにあるため、向こうのサロンの予約が取れないときはうちに通ってくれるお客さまも何人かいらっしゃいます。スタッフは実家の近くで自分のお店をもつことができる、うちとしてはお客さまが離れることなく引き続き通ってくれる、まさにウィン・ウィンというわけです。

「近くにお店を出すな」と言わないもう一つの理由は、お店に残ったスタッフたちにとっても、サロンオーナーが「僕は近くにお店を出してはいけない、とは言わないよ」と明言しているほうが頼もしいからです。

サロンオーナーにとっては、辞めて去っていく人間よりも、お店に残って日々頑張ってくれている人間のほうがはるかに特別扱いしたい存在です。1人が辞めて近くにお店を出したくらいで揺らぐようでは、そのサロンの経営は遅かれ早かれ傾くでしょう。

「お前たちがいるのだから、たとえすぐそこに新たなお店ができたとしても、お客さまを取られるわけがないでしょ」というスタンスでデンと構えていたほうが、残されたスタッフは「このサロンで働いてきて良かった」と前向きにとらえてくれるのではないでしょうか。

私は、スタッフに毎日「お前たちを応援しているぞ」と言い続けています。

それにもかかわらず、辞めるとなった瞬間、手のひらを返すように冷淡な態度を取ってしまったら、残ってくれたスタッフは「ディレクター（私はそう呼ばれています）の〝応援しているぞ〟という言葉は実は本心ではなく、ひょっとしたら見せかけだけなのかもしれないぞ」と動揺します。

独立するスタッフを応援する背中を見せ続けたほうが、サロンの雰囲気は良くなりますし、将来独立を考えている子たちも安心して働けるでしょう。

## 非常識2　社内恋愛は反対しない

美容室では狭い空間で若い男女が朝から晩まで一緒に働いていますから、社内恋愛が盛んです。私自身、美容学校を出てから約20年間修業していた店で妻と出逢い、社内恋愛を経て結婚しました。

それでもサロンには、社内恋愛を禁止しているところが少なくありません。

禁止する理由は、独立するときに2人セットで辞めるケースが多いからです。独立を考えているスタッフの立場に立つと、結婚して独立すればタダで雇えて（離婚でもしない限り）、いちばん信頼できてしかも辞めない従業員が最低1人確保できるので、心強いのです。

社内恋愛を禁止しているサロンでは、社内恋愛が発覚したら配置換えを行って同じ店舗で働けないようにするなどして、なんとかして恋愛→結婚→2人セットで独立という流れを阻止しようと試みるところが多いようです。

社内恋愛を禁止する理由は、ほかにも考えられます。

最近の若者たちは私たちの時代と違って同棲に対するハードルが低いようです。例に漏れず、スタッフ同士が恋愛すると、生活費やいろいろな面でもメリットがあるので同棲することが多いです。

同棲して四六時中顔を合わせていると、喧嘩だってするでしょう。公私混同をするなと言っても、未熟な若い子たちのことですから、同棲相手と喧嘩したら2人とも悪い空気を職場に引きずって来ることになります。それが「今日、なんだか雰囲気がいつもと違って暗いわね」などとお客さまに伝わってしまったら、一大事です。

それでも私は社内恋愛を禁止していません。社内恋愛で結婚している自身を棚に上げて、「色恋沙汰は禁止だ！」などと言えるはずがないのです。

禁止にしてしまうと、スタッフ同士はこっそり隠れて付き合うようになります。でも、ほかのスタッフは年がら年中一緒にいますから、「しのぶれど　色に出でにけり　わが恋は」でそのうち露見します。店では、社内恋愛禁止という公のお達しはありませんでしたが、なんとなくおおっぴらにできない雰囲気でした。またそういう時代だったのかもしれません。だから私たちは秘密にしていましたが、あとで聞いてみるとバレバレだったようです。

どうせバレるのだから、「社内恋愛は隠さないで胸を張って公にしてくれ」とスタッフにはあらかじめ言ってあります。そのほうがスタッフ全員で応援しやすくなりますし、痴話喧嘩をして朝暗い顔をしていたとしても、「今度はあいつ、何をやらかしたの？」とすぐに周囲がフォローできるので、サロンの雰囲気を壊す恐れもないのです。

独立して20年間で社内恋愛での結婚が数組あり、幸いにもいずれも夫婦円満です。美容師同士なら、互いの仕事や生活パターンを理解しているので、すれ違いが生じにくいのでしょう。反面、他業種のパートナーと結婚したカップルでは、残念ながら離婚に至ったケースもあります。

社内恋愛を経て結婚したカップルのうち、1組は独立し、5年前に2人の故郷の熊本県で、念願だった自分たちのお店をもちました。この2人は、私が2007年に2軒目となる上本郷店を立ち上げたときの男性店長と女性チーフです。

当初2人は犬猿の仲でした。仲が悪くて、チーフは私の顔を見るたびに、「ディレクター、本当に店長がイヤ。元のお店に戻してください」と懇願していました。

店長は人望がありましたし、仕事はちゃんとできました。けれど、昼食のカップ麺の食べ残しを流しに放置したりするなど、仕事以外の面でちょっぴりズボラな面がありました。チーフは正反対できっちりした性格だったので、店長の何気ない立ち居振る舞いに気に障るポイントがあり、我慢できないところが多々あったのでしょう。

そんな2人が数年後に「私たち、結婚します！」と報告に来たので、私はまるでコントのように椅子から転げ落ちてしまいました。2人はてっきり仲が悪いままだと決めつけていましたから、完全ノーマークでした。彼らが熱愛していたことに気づかなかったのです。

結婚して独立するとき、店長は「僕らが一度に辞めるとお店が大変なので、まずは嫁を熊本に帰します。嫁が向こうで住む段取りと、店舗の物件探しをして、ひと段落してから自分が帰ります」と言ってくれました。結局チーフが辞めてから、丁寧に引き継ぎを済ませて約10カ月後に本人は熊本へ帰って行きました。

結婚の報告を受けた際、私は「2人が抜けたら上本郷店の痛手が大きいな。いよいよとなったらお店を畳むのも仕方ないかもしれない」と覚悟していました。ところが、2人が「立つ鳥跡を濁さず」で引き継ぎを完璧に行い、時間差で辞めてくれたおかげで、お店を畳まずに済み、2人は全スタッフに心から祝福されて巣立ちました。

## 非常識3　高級外車は買わない、休日にゴルフはしない

成功したサロンオーナーには、ステイタスの高い高級な外車を乗り回して、お店が休みの日は誘い合ってゴルフに出掛ける人もいます。ゴルフでなくても、趣味仲間とともに優雅な休日を過ごしているオーナーは多くいます。

私はその風潮に反旗を翻して、スタッフたちには「私は高級な外車は買わないし、休みの日にゴルフにも行かないからね」と常々言っています。

なぜ高級外車を買ったり、休日にゴルフをしたりするのに反対かというと、そんなお金や暇があったら、もっとスタッフたちに還元したり、自らの成長のために投資すべきだと考えているからです。

何年か前まで、サロンオーナー同士が会うと、まるでお天気の話でもするかのように、「ところでおたくは社会保険、入っている？」と聞くのが、通例のようになっていました。

そして私が「社会保険？　もちろん入っていますよ」と答えると、「え、すごいねぇ～」と感心されたものです。

会社が人を雇用するなら、社会保険（厚生年金と健康保険）に加入するのは当たり前です。その半額を会社が負担するのは、法律で定められた経営者としての義務です。

それなのにサロン業界では、従業員をオーナー扱いしたり、幹部だけが入ってあとは隠蔽したりするケースがまだまだ見受けられます。現在では、国の監視の目もかなり厳しくなりましたが、以前は義務と分かっているのに、知らんぷりをして社会保険に入らない掟破りのサロンが結構あったのです。

月給が20万円で社会保険費が月2万5000円だとすると、会社も同額の2万5000円を国に納める必要があります。そこで社会保険に入らず、その分を給料に上乗せして、「うちは月給22万円でほかより高いよ」と新人を勧誘していたサロンもありました。

元気潑剌《はつらつ》な若者にとっては社会保険の重要性はいまいちピンとこないので、たとえ無保険でも給料が高いほうが魅力的と安易に思ってしまいがちです。最近ではその悪しき風潮を変えるために、美容学校の求人票にはサロンが社会保険に加入しているかどうかチェックする欄がわざわざ設けられています。本来は義務であるのにチェック欄が設けられるほど、加入していないサロンが多かったということです。

社会保険に入り、スタッフが友人に自慢できるくらいの高給を払って報いているなら、サロンオーナーはフェラーリでもポルシェでも勝手に乗って構わないでしょう。ところが、社会保険に入っていなかったり、社員の頑張りに１００％報いることができない薄給しか支払っていなかったりするのに、自分は会社のお金で買った外車を颯爽《さっそう》と乗り回しているサロンオーナーが案外多いのです。厚生労働省の『２０１８年賃金構造基本統計調査』という資料によると、理美容師の年収は男女平均では約２８７万円であり、調査対象となった１２９職種で１２２位という惨憺《さんたん》たる結果となっています。

うちの社用車は、実用本位で選んだトヨタのミニバン『アルファード』。おもに荷物の運搬に使っており、スタッフが「引っ越しするので、今度貸してください」と言ってくることもあります。

そのほかには、軽自動車が２台あります。１台は私たちの頼れるメンバーで、マネジメントにも関わっている私の妻が銀行に行ったり、買い物をしたりするのに使っており、もう１台は車椅子のお客さまの送迎に使えるタイプとなっています。

私も自動車は大好きなのでスタッフには、「引退して悠々自適の隠居生活になったら、オープンカーくらいは買うかもしれないよ」と伝えてあります。

ゴルフに関しても、完全なる趣味で自腹を切って出掛けているならまだしも、多くのサロンオーナーは費用を接待交際費などでちゃっかり落としています。そこで無駄遣いをするなら、スタッフやお店に還元するべきでしょう。

美容室はだいたい火曜日が休みですが、私は休みの日に講習依頼を受けたり、普段できない事務作業をこなしたりしますから、遊ぶ暇はありません。たまに「来週火曜、ゴルフに行かない？」と誘われることもありますが、そういうときは「僕、ゴルフできないんです」と断るようにしています。「遊んでいる暇はありません」と答えると嫌味になりますから、そのように断っているのです（昔はゴルフを嗜《たしな》んでいましたが、できないことにしてしばらく遠ざかっているうちに、本当にできなくなりました！）。

もちろん、ゴルフを通じて経営者同士のコミュニケーションを交わし、仕事の一環としてプレーに臨む方々も大勢いらっしゃいます。その事実も十分理解していますが、今の若者たちにそう説いたとしても、遊ぶためのもっともらしい口実に聞こえるでしょう。

休日にゴルフに出向かないのは、スタッフへのメッセージでもあります。

「売上が上がらない」「指名が増えない」といった悩みを抱えているスタッフには、「休日は何をしているの？」と私は尋ねるようにしています。

そこで「眠いのでひたすら寝ています」とか「渋谷で遊んでいます」といった返事をする子には、「売上を上げたい、お客さまを付けたいと思うなら、休日は遊ばないで練習しなさいよ」と発破をかけています。お店が休みでも、その気になればメーカーの講習会や、YouTubeなどでいくらでも学べるからです。

スタッフには「休みの日も練習しろ」と言っているのに、自分が休日にゴルフ三昧では示しがつかないと私は思っているのです。

## 非常識４　経営しているお店に顔を出さない

私は松戸市内で５店舗を経営していますが、よほどのことがないとお店に顔を出さないようにしています。

お店の責任者はあくまで店長です。それなのに、オーナーがしゃしゃり出たら、店長もスタッフもモチベーションが下がるでしょう。任せると決めたら、覚悟を決めて任せるべきだと考えています。私はあえて顔を出さないことで、「お前たちを信頼している。任せているからね」という暗黙のメッセージを伝えているのです。

5店舗のうち、二十世紀が丘店と上本郷店では、私は1人のデザイナーとして仕事をしていますから、予約を入れてくださったお客さまの施術をしています。それでも自分の仕事が終わってから、お店に居座るような真似はしません。スタッフと軽くコミュニケーションを交わしたら、あとは店長をはじめとするスタッフに任せるように心掛けています。

私がどこで何をしているかは、予約表などを通じてスタッフ全員で共有できるようになっています。ですから、私がどこにいるのか分からない行方不明状態になったり、抜き打ちで店舗を電撃訪問し、オーナー面をして文句を言ったりすることはありません。

お店にちょくちょく顔を出していると、ゴミ箱が定位置から少しズレていたとか、流しの隅が汚れていたとか、細かい点が目に入って気になります。

小さな不具合を目ざとく見つけて「ゴミ箱、どうしていつもの場所じゃないの?」とオーナーが口に出してしまうと、スタッフは詳しい事情を説明する間もなく、反射的に「スイマセン! すぐに場所を戻します!」と謝るでしょう。

ゴミ箱の位置がズレていたのは、たまたま害虫が出て退治したばかりで、一時的に場所が変わっていただけかもしれません。そうした細かい現場の事情を知らない人間に、頭ごなしに指摘されると、店長やスタッフはどんな気分になるでしょうか。「日頃はちゃんとやっているのに、フラッと現れたかと思えば、あら探しをして言いたいことを言って……」とモチベーションが下がるのは目に見えています。

毎日お店に出ているスタッフにとってはすっかり日常の景色となって気づかないのに、たまに顔を出すからこそ得られる気づきもあります。

例えば、用事があってお店を訪ねて、観葉植物の葉が枯れているのに気が付いたら、店長やスタッフに指摘せずに、黙って私が自分で手入れします。

その様子を見ていたスタッフが「僕がやります！」と飛んで来たら、「いやいや、植木の世話をするのが好きだから、僕がやる。もし手が空いているなら、ほかのところの掃除をしてね。北側の葉っぱは日当たりが悪くて枯れやすいから、次から気を付けておいてね～」と声を掛けます。このやり方なら、店長やスタッフのモチベーションも下がらないはずです（ちなみに、インテリアの一つとして観葉植物を置く美容室は多いのですが、観葉植物を枯らすようなところは経験上、長続きしません。生花に比べるとはるかに手入れが楽なはずの観葉植物すら枯らすようでは、ほかの面でもズボラでダメなところがたくさんあるからでしょう)。

掃除が行き届いていないところがあるなど、これはさすがに改善したほうがよいと思った点は、その場で指摘するのではなく、あとで店長にLINEかメールで「シンクの隅が汚れやすいみたいだね。掃除のときに気を付けておいてね~」と連絡します。このやり方なら店長も、スタッフの前で面目が潰れることを避けられるからです。

いつも元気なのに、覇気が感じられないスタッフがいたら、店長に「あの子、最近元気なの? 久しぶりにお店に顔を出したら、僕の目を見ないで挨拶をしたから、気になったんだけど」と連絡します。店長から「元気です。閉店後に聞いたら、週末に彼女と大喧嘩して、反省して落ち込んでいたみたいです」といった返事が返ってきたら安心です。

仮にお客さまから、「今日は雰囲気が何か違うと思ったら、堀さんが来ていたのね」と言われたとしたら、サロンの恥部を見せてしまったようで残念な気分になります。

私がいても、いなくても、同じように居心地のいい空間、質の高いサービスが当たり前のように提供できているのが理想です。

陰日向のないサロンを作るなら、ずっと私が見張るか、お店に行かないかしかないと思っています。身体は一つなので、5店舗に張り付くことは物理的に不可能。だとしたら、店長とスタッフを信じて任せて、お店には顔を出さないほうがいいのです。私がお店に行かないとダメになると主張するのは、店長をはじめとするスタッフを信頼していないと言っているようなものなのです。

## 非常識5　社員第一主義、顧客第二主義

サロンに限らず、サービス業では「お客さまは神さま」だといわれています。神さまであるお客さまのために、社員が一生懸命奉仕するのが理想とされているようです。

けれど、私は断固として「社員第一主義、顧客第二主義」を掲げています。うちの経費に占める人件費は、福利厚生費も含めて約50%。この割合は業界水準よりもかなり高いのですが、それも社員第一主義の表れなのです。

講演などで社員第一主義と断言すると驚かれるのですが、顧客よりも先に私たちを選んでくれたのはほかならぬ社員（スタッフ）たちです。若い彼らは、人生で最良の時期の一部を、うちに捧げる決意をしてくれたかけがえのない存在ですから、私が誰よりも大事に

しなくてはならないのは社員です。持ち歩いている手帳には、家族ではなく、スタッフたちの写真を入れているほどです。

お客さまは、何かのきっかけで明日からうちの顧客でなくなることもあります。一方、スタッフは契約を結んでいますから、「明日から来ません」という人間は存在しません。昨今は出社1日目に辞める新人もいるそうですが、私はそんな覚悟のない人間を選んでいるつもりはないのです。

顧客第一主義で「客商売はお客さまが一番。お客さまに失礼があってはならない」というサロンオーナーも多いようですが、お客さまが上で社員が下というヒエラルキーはナンセンスだと私は思っています。

客商売ですから、お客さまをないがしろにするつもりは毛頭ありません。でも、スタッフを大切にしていれば、お客さまはそのスタッフに付いてきます。サロン経営者仲間からは、「人件費に50%も払ったら、経営が大変でしょ」と心配されますが、スタッフを大事に育てて、そのスタッフのファンが増えてくれれば、むしろ経営的にはプラスになります。実際、このやり方でうちは毎年約10%の利益を出して、黒字経営が続けられているのです。

私はスタッフに対して、「私が社員第一主義なのだから、お前たちも会社第一主義でやってくれ」とは要求しません。「会社はスタッフを第一に考えて、全力で守る。だから、あなたたちは安心して全力でお客さまのほうを向いてくれたらいい。僕に好かれようとするのではなく、お客さまに好かれるようにしてください」と伝えているのです。

社員第一主義というのはスタッフを甘やかすとか、わがままを何でも受け入れるという意味ではありません。一人ひとりを社員というよりも愛する家族、仲間として扱い、彼らが働きやすく、のびのびと活躍できる環境作りに力を注ぐ覚悟を表す言葉が、社員第一主義なのです。

地方都市の小さなサロンにしては、出産手当てや育児休暇も充実していると自負しています。働く時間帯もできる限り、フレキシブルにしています。仕事柄テレワークはできませんが、それ以外の部分ではサラリーマンやＯＬにできて、美容師にできないことがあるのはおかしいと思っているからです。

体調の悪い子が、「お腹の調子が悪くなったので、病院に行きます」とお昼で帰ったら、半休扱いではなく勤務扱いします。そうすればスタッフは体調が悪くなっても無理をせず、早めに病院に行けるので、結果的に休む期間も短くて済むでしょう。一人暮らしの子から、

「具合が悪いので、明日は休ませてください」と連絡があったら、料理が得意な妻が身体に優しいおじやを作って届けたりしています。

社員第一主義をスタッフたちに伝える手段の一つとして、私からの手書きのメッセージがあります。

まず美容学校を出たばかりの新卒者に内定を出すとき、私は内定通知書と一緒に手紙を書いて渡しています。「うちを選んでくれてありがとう。これから僕らは家族だから、末永く元気に健康で仲良くやっていこうね」と伝えるのです。

入社後の毎月の給与明細の余白にも、手書きのメッセージを添えています。給与自体はもちろん銀行振込ですが、給与明細は毎回紙で一人ひとりに手渡ししています。その余白に手紙を書いているのです。

これは独立してから20年間続けている習慣で、スタッフがまだ少なかったときはボーナス時期に1人あたり便せん1枚分の手紙を書いたこともありました。

最初は、「今月も真面目に働いてくれました。ありがとう」という感謝の気持ちを伝えるために始めた給与明細メッセージですが、いつの間にか私とスタッフとの貴重なコミュニケーションツールになっています。

メッセージはごくごく簡単なものがほとんどです。

「先週のカット社内テスト、合格おめでとう。早く指名が付くといいね」

「先日カウンセリングの様子を見ていたけど、お客さまも笑顔になってカウンセリングが上手になったと感じました」

「僕と話すときにニコニコしているから、僕も元気をもらえているよ」

そうした短いメッセージを書き込んでいるのです。

そこで「気持ちは手から伝わるもの。もっとシャンプーを上手になりなさい」といった注意をすることはありません。

直してほしいと思ったポイントがあれば、前向きなメッセージに転換して伝えています。例えば、チーフの自覚が少々欠けていると感じたら、「今はリーダーの一人になっているんだから、ますます頼りにしているよ」と書きますし、笑顔が少ないと感じたら、「自分の良さを見失ってないか。お前の良さはとびきりの笑顔だぜ～」などと書くようにしているのです。

手書きのほうが気持ちは伝わりやすいと信じているので、あえてタイピングせずに手書きにこだわっています。初めは3人だったスタッフも現在は30人前後に増えましたから、全員分を書き終えるのに1時間以上かかります。

この1時間は、私にとってスタッフ一人ひとりに向き合う意義深い時間だと思っています。「この子のカリキュラムは順調に進んでいるだろうか」とか、「笑顔が少なくなったから、何か困っていることがあるのかもしれない」などと空想を膨らませながら、一人ひとりに心を込めて書いています。スタッフの成長ぶりに改めて気づくことも多く、それは経営者という仕事のやりがいにもつながっています。

給与明細を手渡されたスタッフたちが、周りに見えないように壁に張り付きながら、真剣な表情でメッセージを読んでくれている姿を見ると、私はうれしくなります。

最近、入社して十数年のベテラン選手が辞めました。コロナ禍以前に行われたお別れパーティの席で、彼女は「給与明細のメッセージが温かくて励まされて、捨てずに今でも全部もっています」と言ってくれました。それを聞いた私はとってもうれしかった一方で、「給与明細メッセージはスタッフが50人になっても100人になってもやめられないな」と覚悟しました。

## 非常識6　子どもに跡を継がせない

私の実家は、和歌山県の小さな町にある床屋さんです。祖父が始め、父が跡を継ぎましたが、私はそこを継がず、修業先から独立してサロンを立ち上げました。

私が修業した店もそうでしたが、一般的にサロンはオーナーの息子、娘が跡を継ぐパターンが多いようです。

でも、私が立ち上げたサロンを子どもに継がせる気はありません。子どもに継がせないとは、子どもを同じ美容師の職に就かせないということではありません。

私たち夫婦には子どもが3人います。上から32歳、28歳、26歳で全員息子、このうち長男と次男は美容師をしています。

長男は、美容師に興味があるそぶりをまったく見せなかったのですが、私がそうだったように、おそらく身近で両親の仕事ぶりを見ていて興味をもったのでしょう。小学校の卒業式で一人ずつ未来の夢を語るステージが用意されており、そこで「僕は美容師になります！」と突如宣言しました。これには、卒業式に出席した妻もビックリしたようです。

次男は、長男が大好きで、小さい頃からあとを付いて歩くような子どもでした。長男が野球をやり始めたら野球をやるような子どもでしたから、長男が美容師を志したので、次男もあとを追うように美容師を目指したのでしょう。

2人とも私たちのお店では修業をしていません。両親の店で修業すると甘えるに決まっていますし、周りからも特別扱いされるので、修業がやりにくいでしょう。私も修業は実家でするものではないという空気感を出していましたから、2人とも学校を出てから自分たちで見つけたサロンで修業しました。

2人ともすでに独立しています。長男は映像クリエイターとして活動しており、そのかたわら「面貸し」スタイルで美容師の仕事もしています。「面貸し」とは、空いているサロンの席を借りて営業するもので、例えるなら、シェアオフィスで仕事をするようなものです。

次男はニューヨークのサロンで3年間働いていましたが、新型コロナウイルスの感染拡大を機に帰国してきました。現在は、以前にワーキングホリデーで訪れたオーストラリアで友達になった人に誘われ、遠く仙台で映像の仕事をしながら、空いた時間は長男と同じく「面貸し」スタイルで美容師をしています。

長男も次男も映像をメインに仕事をしていますが、２人とも美容師の仕事の面白さを知っているので、求めに応じて時々美容の仕事を楽しんでいるのです。美容師は一度その醍醐味を知ったら、やめられないすてきな仕事なのです。

三男は２人とはタイプが違い、唯我独尊でわが道を行くタイプです。金沢で鋳込みという手法を使って陶芸家として活動しています。余談ですが、日本最大級の器の祭典である「テーブルウェア・フェスティバル」で数年前、初出品で大賞を頂戴しました。それは史上初の快挙であり、しかも史上最年少の大賞受賞者という栄誉にも輝きました。

私には日本の美容界を変えるという夢があります。それはまだ実現していませんから、私たちのお店を自分の代で終わりにしたくはありません。誰かに意志を継いでもらいたいと願っていますが、お店は長男にも次男にも譲る気はないのです。

私のお店を譲られたら、子どもたちがかわいそうだと思います。

なぜなら、サロンを好きなように作り、そのオーナーになるというのは、体験した者にしか分からない醍醐味があるからです。その楽しさ、すばらしさを息子たちにもぜひ味わってほしいと考えているので、継がせる気はないのです。

サロン経営を絵画に例えるなら、息子や娘に継がせるのは、親がほぼ描き終えたキャンバスを「はい、あとは好きにしていいよ」と引き渡すようなものです。子どもたちには面白みがありません。

息子たちが、美容が大好きでいつかサロンオーナーになりたいと考えているなら、真っ白なキャンバスに自分たちの好きな絵を描いてほしいと思っています。先輩としてアドバイスできることは何でもアドバイスしますし、美容界を変える手伝いもしてほしいのですが、私たちの一員に迎えることはしないつもりです。それは息子たちも十分分かっています。それよりも、今一緒に働いているスタッフのなかから、これまで作り上げてきた私たちのサロンブランドをより大きく高く羽ばたかせてくれる仲間が出ることを私は望んでいます。

## 非常識7　良いモノは徹底してパクる

最後の非常識は、「良いモノは徹底してパクる」というものです。

たびたびカリスマ美容師と呼ばれる人たちがメディアで取り上げられ、若い美容師たちは「いつかは自分も……」と夢を膨らませながら自分の技術を磨きます。メディアで取り上げられるカリスマ美容師は独自の技術をもっていることが多く、またそれでお客さんを集めることもできるため、美容業界ではオリジナルの技術がないと成功できないと思われがちです。しかし、私はオリジナルの技術を磨く以前に、当たり前のことをちゃんとやり続けることのほうが大切だと考えています。

私はこれを「ＡＢＣ」と略しています。「当たり前のことを、馬鹿みたいに、ちゃんとやる」のローマ字の頭文字を取ったものです。そしてこれは、技術だけにいえることではありません。

当社には、「天地自然の理に適った行動を取る」というミッションがあります。これは水が上から下へと流れるように、太陽が東から昇って西に沈むように、自然な振る舞いを馬鹿正直に続けることの大切さを説いたものです。

笑顔で挨拶をする、先輩が後輩の面倒を見る、後輩は先輩をリスペクトする、自分がしてもらってうれしいと思ったことを相手にもする、お客さまに感謝の心で接する……。それは誰でも至極当然だと思っているはずです。

しかし、当たり前のことほど案外続けられないものです。人から注意されたらやるけど、しばらくしたらやらないようになっていた……ということではＡＢＣとはいえません。私がスタッフに続けている給与明細メッセージも、ＡＢＣの一つなのです。

そして、当たり前のことができる人のなかにも、ここが美容という業界だからなのか、最先端を行きたいという気持ちからなのか、何か特別なことをしたがる人がいますが、必ずしもオリジナルである必要はありません。異業種からでも何でも「良いモノは徹底してパクる」ことも有効です。それを私は「ＴＴＰ」と略しています。こちらは「徹底的にパクる」のローマ字の頭文字を取ったものです。

告白すると、先ほどの「天地自然の理に適った行動を取る」というミッションはＴＴＰの産物で、船井総合研究所の船井幸雄さんの「本物の生き方とは、自然に反しないで、自然に従って生きること」という言葉からきています。

当社には、もう一つ、「めぐり逢う方々を決して後悔させない」というミッションがあります。これもＴＴＰであり、アメリカの名作映画『ある愛の詩』のセリフである「愛とは決して後悔しないこと（Love means never having to say you're sorry)」から採ったものです。

ＴＴＰの典型例に、「新券返し」があります。お客さまにお釣りでお返しする紙幣を、すべて新札にするという私たち独自のルールです。

その原点は、私が前の店での修業時代、講習の仕事を担うようになり、立ち寄る地方都市でよく利用するホテルのお釣りが、毎回新札だと気づいたことにあります。

「いつも新札なんですね」と私が声を掛けたら、フロントのサービスマンは「気づいていただけましたか。ありがとうございます。お客さまに少しでも気持ち良くお帰りいただこうという思いで、当ホテルでは新札でお返ししています」と教えてくれました。

新札を頂戴するとすごく気持ちが良く、「コンビニでコーヒーを買うときに使うのはもったいない」という気分になりました。ならば、お店でもお客さまに新札でお返ししたら、同じように気持ち良くなっていただけるはず。そう考えて、20年前の独立オープン当初から「新券返し」をスタートさせたのです。

私がそうだったように、お客さまもお店でもらった新札はコンビニで使ったり、コインパーキングの精算機の支払いに充てたりしないはずです。財布の中でも、使い古した旧札と区別して入れているお客さまもいます。

新札が特別な存在になれば、それを目にするたびに、「あ、これは美容室に行ったときのお釣りでもらったんだった。あそこはいつも新札を返してくれるから、気持ち良いよな」と思い出してもらえます。その積み重ねは、私たちのブランド化にもつながります。

ほかの買い物はキャッシュレスでカード払いと決めているのに、うちでは「新券返し」がうれしいのか、「あ、ここは現金にするんだった」と言いながらカードを仕舞って現金を出してくださるお客さまもいます。

TTPにしたいのに、まだ完全にモノにできていないものに、「ノーと言わない接客」があります。

「ノーと言わない接客」は、アメリカ・シアトルに本部を置く全米有数の百貨店チェーンであるノードストロームがオリジナルです。ノードストロームでは、自らの靴売り場に顧客が希望するサイズがなかった場合、ライバル店に在庫照会してお客さまを案内することすらあるといいます。

この「ノーと言わない接客」が生んだのが、有名な「タイヤ伝説」です。

ある日、アラスカ州アンカレッジのノードストロームに、男性顧客が４本のタイヤを転がしながら現れたそうです。ノードストロームではタイヤを扱っていないのですが、その男性はノードストロームで買ったと勘違いして、返品と返金を求めたのです。

普通なら、「うちではタイヤは売っていませんよ。何かの間違いではありませんか？」と門前払いするところですが、ノードストロームの担当者は快く返品に応じたうえに、「返金は現金にしましょうか、それともクレジットカード払いにしましょうか」と言ったというのです。真偽のほどは定かではなく、あまりによくできた話なので、これはひょっとしたら都市伝説の類いかもしれません。

でも、「タイヤ伝説」が流布しているのは、都市伝説を信じたくなるようなサービスをノードストロームが日常的に展開しているからでしょう。「あのノードストロームなら、自分のところで売ってもいないタイヤの返品と返金だって応じるかもね」と思わせる素地がどこかにあるのです。

私たちも「タイヤ伝説」にあやかり、前髪カットを無料にしていました。お客さまはもちろんですが、他店の顧客でも要望があれば「ノー」と言わずに前髪を無料でカットしていたのです。これはお客さまにはサービスの一環であり、他店の顧客にはうちの接客を一度でも味わってもらえたら、顧客になってもらえる自信があったからです。

コロナ禍以降、密を避けるために席数を絞っていることもあり、前髪カットは残念ながら２０２１年１月から５００円＋税になりました。状況が変われば、いつかまた前髪カットを無料にしたいと秘かに考えています。

# 第2章

# 社員第一主義がポリシー

## 人を選ぶ・育てる・巣立たせる

どこの業界も同じでしょうが、良い人材を集めるのは簡単ではありません。

その昔美容師という仕事は、女性がやる地味な仕事というイメージが強かったのですが、私が独立した前年の2000年に放映されて、最高視聴率41・3%を記録した大人気ドラマ『Beautiful Life～ふたりでいた日々～』で木村拓哉さんが美容師をスタイリッシュに演じた頃から、風向きが変わってきました。

美容師＝カッコいい仕事というイメージに変わり、イケメンのカリスマ美容師たちがメディアで盛んに取り上げられるようになり、美容師は男女ともに人気職業ランキングの上位に躍り出るようになりました。

それをビジネスチャンスととらえた企業が美容学校の経営に乗り出して、美容学校が全国に雨後の筍のようにできるようになり、夢見る若者たちが殺到しました。完全な買い手市場となり、サロンオーナーが抱えていた長年の人材難は解消したのです。

でも、それは東京都心にある有名サロンや、私が修業した店のように都心でなくてもカリスマが率いる知名度の高いサロンに限った話です。

私たちのような千葉県松戸市の無名のサロンが求人を出しても、若者は思ったように集まりません。理美容の家業を継ぐ子は地元にとどまるでしょうし、メディアが伝える華やかなイメージに憧れて東京を志す子たちにとって松戸市はアウト・オブ・眼中。松戸という街すら、知らない子が大半だからです。

私が独立した当初から美容師ブームが過ぎ去った現在まで、どうやって優秀な人材を集めるかは、サロンオーナーとしての最大の悩みです。

サロンの人材募集は、美容学校へ求人票を出すところから始まります。

有名サロンには、求人票を出すだけで若者が集まるところもあります。ブームが去った現在ですら、東京の青山や原宿の有名サロンには10人の求人に対して履歴書が300～500通も集まるところもあるのです。

「はじめに」で触れたように、美容業界は限りなくブラックに近いグレー。ブラック企業体質のサロンでは、若者を集めるだけ集めたら、「釣った魚にエサをやらない」とばかりにないがしろにするところもあります。

大切にされないと新人はやがて辞めてしまうでしょう。辞めても、また募集すれば新人はいくらでも入ってきます。言葉を選ばずに言うなら、こうしたサロンでは若者の希望とやりがいを搾取するだけ搾取して、使い捨てにしているのです。

知名度の高いサロンなら、新人を使い捨てにしても、求人に困ることはないでしょう。しかもそのほうが経営的にもプラスです。からくりを説明します。

50坪、100坪の広いサロンを作り、そこにトップスタイリストを数人配置します。お客さまはそのトップスタイリストを目当てにやって来ますが、トップスタイリストが髪を触っているのは1人あたり5分ほど（早業でデザインが完璧に決まるからこそ、〝トップ〟なのでしょう）。それ以外のシャンプーやブロー、カラーリングやパーマはすべてヘルプに付く若手たちがこなします。たとえ短時間でも、トップスタイリストに相手をしてもらったお客さまには、まずまずの満足感があるでしょう。

このやり方なら、将棋や囲碁で名手が一度に大勢を相手にする「多面指し」のように、1人で一度に多くのお客さまに対応できますから、効率が格段に良くなります。カットが6000円＋税で、1人あたり5分で終わるなら、単純計算で時給は7万9200円ですから、大きな売上が立ちます。新人が次々と辞めても、下が一向に育たなくても、痛くも痒くもないのです。

美容師ブームがすっかり過去のものとなり、美容学校も潰れたり、定員割れをしたりしているような厳しい状況に変わってきました。その結果、以前のように、たくさん新人を採ってふるいにかけることができなくなりました。

有名店・繁盛店も以前はトップスタイリストを頂点として、その下に多くの若いスタッフが付き従うピラミッド型の構造だったのに、近年ではトップスタイリストが辞めずに居座っている一方、若いスタッフが思ったように集まらないため逆ピラミッド型の構造に変わりつつあります。

人集めに苦労するようになったブラック企業体質のサロンでは、美容学校に選りすぐったイケメン、イケジョのスタッフを派遣します。そして若い子たちにヒアリングを行って、耳なじみの良い誘い文句で新人を集めようとします。

若い子が「テレビに出ているタレントさんのヘアをやりたいと思っています」と将来の希望を初々しく語ったら、「うちに来れば、有名タレントさんとの仕事もできるよ」と笑顔で応えますし、「将来はニューヨークやロンドンでヘアをやってみたいと思っています」と夢を語る子には、「うちもゆくゆくは海外にも店舗を広げようと思っているから、チャンスはあるんじゃないかな」と応じるのです。

そうした若者の夢や希望が実現すればいいのですが、その多くはブラックな環境に耐えられず、夢が叶う前に失意のままサロンを去る結果になっているのです。

## 採用の合言葉は、「一に人格、二に技術」

私たちのような無名のサロンは、美容学校に求人票を出すだけでは人は集まりません。そこで私は美容学校に、「一度学生の前で話をさせてください」とお願いします。後述するように講習は十八番ですから、そこで生まれるマジックに期待するのです。

ＯＫをもらって美容学校に出向いても、私はそこでうちのサロンの宣伝をするわけではありません（サロンの宣伝に終始するような講習なら、学校サイドもＯＫしないでしょう）。学生たちの前では、美容師の卵が自分の希望のサロンを見つけるための方法というテーマで話をするのです。

学生たちは、サロンに就職するためのサロン見学や面接がどういうものなのかがまったく分かっていません。そこで「面接で格好をつけても、サロン見学時の所作や挨拶の仕方などで正体はバレバレだよ」とか、「サロンを選ぶときに重要なのは、オーナーと店長がスタッフを大事にしているかどうかと、そこで働いている社会人1年生がイキイキと働けているかどうか。サロン見学では、そこをよく見たほうがいいよ」といった話をします。学生の夢を壊さない範囲内で、ブラック企業体質のサロンの話もします。講習は幸いにも好評で、美容学校から呼ばれる機会が年々増えています。

講習後の質疑応答では、うちがどんなサロンなのかという質問も出てきます。学生たちは、「さっきからエラそうに講釈を垂れているけど、サロンの実態はどうなのよ？」という疑問をもつからです。

給料や勤務体系、社会保険といった情報は、リクルート用のパンフレットにまとめてありますから、そこは「時間があるときに読んでおいてね。うちはブラックではないけど、まぁホワイトに近い明るいグレーくらいかな」といった話で切り上げます。

前置きも早々に私が学生たちに伝えているのは、「うちが重視しているのは、一に人格、二に技術」ということ。これも、ある美容学校の教育方針を参考にしたものですが……。

技術はあとから好きなだけ学べます。そもそも美容を学び始めて２年しか経っていない学生たちの腕前は、私からするとドングリの背比べ。全員に伸びしろしかありませんから、入社してから好きなだけ伸ばすことができるのです。

けれど、人柄を大きく変えるのは至難の業です。心理学でも、「他人と過去は変えられない」とよくいうくらいです。

採用に際して人格を重視するといっても、いわゆる人格者以外は採らないという意味ではありません。こちらだって完全無欠の人格者ではないので、口が裂けてもそんなことは言えないのです。学生たちには、次のように説明します。

~私たちには、「天地自然の理に適った行動を取る」というミッションがあります。それは言い換えるなら、人として当たり前のことを当たり前にできるということです。

挨拶をする、約束を守る、先輩をリスペクトしてアドバイスに耳を傾ける、困っている人がいたら率先して助ける、自分がやるべきことは確実にやる……。私は、それはすべて当たり前だと思っています。

これらは最初からすべてクリアできなくても、躾《しつけ》によって知らず知らず身についてくるものです。ただし、人間には躾を素直に聞いて成長できるタイプと、そうではないタイプがいます。私たちが仲間にしたいのは、前者なのです~

続いて話をするのは、私がスタッフをいかに大事にしているか。

ここで私は、「めぐり逢う方々を決して後悔させない」というもう一つのミッションをもち出します。人として当たり前のことができる人間が、星の数ほどあるサロンから、松戸にある私たちの小さなサロンを選んでくれたのだから、決して後悔させない。そのために、スタッフを全力で守るという話をするのです。

九州出身の学生がいたら、「うちにも九州から来て3年目の女性がいるよ。彼女はパーマを任せたら、右に出るものはいない。スゴいよ！」という話をします。あるいは北海道の学生が質問を投げかけたら、「昨年北海道からうちに来た新人がいるよ。カット合格までであと一歩だけど、5月に行う恒例のバーベキューの火起こし（後述）では、安心して任せられる頼りになる存在だよ」といった話をします。

九州からうちに入店してくれたある女性スタッフは、東京・青山のサロンに行くと固く決めて上京して50数社見学した結果、「あの熱血社長（私のことです）なら、自分のこともあんなふうに後輩に自慢してくれるんだろうなぁ。きっと大事にしてもらえるんだろうなぁと思ったら、松戸でも行きたくなりました」と教えてくれました。

社員第一主義のおかげなのか、うちの離職率は業界でも最低水準。新人が毎年5人入ったとしても、3年後に辞めるのは1人いるかどうかです。

美容学校の先生は、何よりも離職率を気にしています。手塩に掛けて育てた学生たちが、独り立ちできるまで成長しないうちに挫折し、辞めてしまうのはかわいそうだと思うからです。だから、先生たちは「あのサロンなら、きっと長く働けるぞ」と学生たちに薦めてくれます。私も「うちに来なくてもいいけど、ほかのところに行ってすぐ辞めるのはもったいないよ」と学生たちを口説いています。

サロンの命運を握るのは、スタッフです。どんなに店舗のインテリアがおしゃれでも、あるいは最新式のマシンが勢ぞろいしていても、お客さまは集まりません。良いスタッフがいるからこそ、繁盛店になれるのです。

私が独立以来20年間、黒字経営が続けられているのは、こうやって全国から集まってくれる最高のスタッフに恵まれているからだと感謝しています。うちは広告宣伝費を経費の3~5%に抑えています。広告宣伝費をさほどかけていないのは、社員第一主義で集めて育てたスタッフこそが何よりの広告であり、宣伝になっているからなのです。

## ３年間講習活動を禁じられて、スタッフの大切さを悟る

サロンオーナーになり、いかに人を集めるのが大変かを痛感すると、うちを選んでくれたスタッフを大事にしたいという気持ちが芽生えます。

さらに私がスタッフの大切さを強く感じた経緯は、次のようなものでした。

そろそろ独立を考えていた頃、私の胸の内には、秘かな「勝利の方程式」がありました。最初のうちはお客さまが来なくても、自分が講習で稼げばサロン経営が赤字になることはないと踏んでいたのです。

勤めていたところでは、サロンの現場でチーフとして活躍するかたわら、休日は講師として日本全国を駆け回っていました（岐阜県、鳥取県、徳島県以外の都道府県は、すべて講習で訪れました）。その活動が続けられたら、売上が思ったように上がらなくても、家賃とスタッフの給料くらいは十分まかなえる自信があったのです。

私の師匠の奥地さん自身、セットヘアの天才としてカリスマ性があり、日本全国で講習

をしていました。昔は今のようにYouTubeなどで学ぶチャンスがありません。地方の美容師たちにとっては、メーカーさんやディーラー（理美容商社）さんなどが、師匠のような一流の講師を招いて行う講習会で勉強するのが、腕を磨いて最新の情報に触れられる滅多にない機会だったのです。

サロンが定休日の火曜、師匠は必ずといっていいほど、地方へ講習に出掛けていました。私は1年目から、鞄持ち兼運転手として師匠に同行しました。自分自身の勉強になりますし、将来的には講師をやってみたいという気持ちもあったからです。

師匠は「休みがなくなるけど、平気か？」と気遣ってくれましたが、私は「大丈夫です。狭い下宿で寝ているくらいなら、先生のお伴をしたほうが勉強になります！」と答えていました。おべんちゃらではなく、本心でした。

師匠の講習を目の当たりにしているうちに、「門前の小僧習わぬ経を読む」の喩えどおり、私にも徐々に講習のスキルが身につくようになりました。

入社6年目となり、サロンワークもひととおり身についてきた頃、「そろそろやってみるか？」という師匠の誘いを受けて、24歳で晴れて講師デビューを果たします。仕事は1週間の泊まりがけの講習合宿。師匠が1週間も店を空けることはできませんから、ちょうど良い機会だと思ったのでしょう。

その後も師匠の代打として講師をするようになって、幸いにもそれが好評だったので、しばらくすると私を指名した依頼もポツポツ入るようになりました。師匠のところにいた期間の後半は、サロンワークよりも講習のほうが忙しくなっていました。


ところが、いざ独立するとなると、師匠からいきなり「３年間、講習をしてはならない」とのお達しが下されました。講習もグループの大きな収益源でしたから、そのお客さまを私に横取りされたくないと考えたのだとそのときは思いました。

私としては、講習のお客さまの大半は、自分自身で開拓したという自負がありました。講習先からは「堀さんが独立したあとも、これまでどおりに講習を引き受けてくださいね」と頼まれていました。私が「師匠から講習を３年間禁止されました」と事情を説明しても、「内緒にしますから、お願いします！」と懇願するクライアントもいました。

結果的には講習なしでもなんとか赤字を出さないようにやっていけましたが、「勝利の方程式」が崩れたおかげで、３年間は経営的に苦しみました。

３年後、謹慎期間が明けて講習を再開した際、私は当たり前の事実に気づかされました。

講習に自由に出掛けられるのは、私がいない間にサロンを守ってくれているスタッフの存在があればこそだと悟ったのです。

このときの謹慎期間がなかったら、「お前たちの給料は、全部オレが稼いでいるんだぞ」とばかりに威張り、留守を預かってくれている大切なスタッフに横柄な態度で接していたかもしれません。それでは、スタッフの心はいずれ私から離れたでしょう。あのとき講習からの収入という目先の利益に目を奪われていたら、今のサロンはなかったのです。

きっと師匠は、講習で超多忙だった自身の経験から講習売上よりももっと大切なものを私に教えてくれたのだと思います。

それからです。私が手帳にスタッフたちの写真を入れるようになったのは（36ページ参照）。妻からは、「普通持ち歩くのは、家族の写真でしょ」と突っ込まれましたが、私にとってスタッフは家族と同じくらいかけがえのない存在なのです。うちを選んだ新人には、ディレクターがスタッフの写真を手帳に入れているのを見て、「スタッフを大事にするというセリフは、口先だけじゃないと信じて入社しました」と言ってくれた子もいます。

## 先輩にかわいがられる子は、お客さまにもかわいがられる

美容学校で学生を見て、「この子、うちでやっていけるだろうか」と疑問に思ったら、「うちのサロンで先輩にかわいがられる人間かどうか」をイメージしてみます。

先輩にかわいがられたら、お客さまにもかわいがられます。お客さまはいろいろな意味で先輩だからです。逆に、お客さまに好かれているのに、先輩にかわいがられないタイプは、どこか媚《こ》びている感じがします。

女性には、異性である男性に好かれるタイプと、同性である女性に好かれるタイプがいます。それは、男性でも同じです（ややこしくなるので、ここではＬＧＢＴＱの話は脇において話を進めさせてください）。私の長年の経験を踏まえると、先輩にかわいがられるタイプの多くは同性に好かれるタイプです。

先輩と後輩が仲良く楽しそうに仕事をしていると、サロン全体の雰囲気がパッと明るくなります。コンビニだって、アルバイト同士が仲良く仕事しているところだとホッとできます。同じように、お客さまも明るい雰囲気のサロンに行きたいものなのです。

お客さまは、サロンに何を求めているのか。それは突き詰めると、自分がキレイになるプロセスをリラックスして楽しめることだと私は思っています。そのためにも、先輩と後輩が仲良く楽しそうにしているフレンドリーな空気作りは非常に重要なのです。

では、先輩にかわいがられる後輩とはどんな人物でしょうか。

それが、またまた登場の「天地自然の理に適った行動を取る」ことができる人。なにも難しい話ではなく、気持ち良く挨拶ができて、「ごめんなさい」が素直に言えて、ウソをつかずに約束が守れる人。このような行動が自然体でこなせる人格の持ち主です。

自分が知らないことを先輩が説明してくれたのに、「あー、それなんか聞いたことあります！」と見栄を張ってしまったり、「先日の課題は終えたの？」と尋ねられても、「やったんですけど、持って来るのを忘れました」などと言い訳をしたりするタイプは、先輩にかわいがられません。「知らないので、教えてください！」とか、「昨日は不覚にも同期と飲み過ぎてしまい、課題が終わっていません。ごめんなさい！」と応じたほうが、先輩もフォローのしがいがありますし、絶対にかわいがられるものなのです。

## スターはいらない。常にチームワークで勝負する

私たちのサロンが採用できるのは、良くて1年に3～5人。慢性的な人手不足なので、入ってくれた子は全員、早く一人前になってほしいと願っています。

新人は通常2年から2年半で戦力になってくれます。これはほかのサロンよりも、かなり早いほうだと自負しています。私には長らく講師を続けてきた経験がありますから、ほかの人よりも教えるのが多少うまいからです。

スター的存在のトップスタイリストがいるサロンでは、新人が一廉の美容師になるまでに5～6年かかるところもあります。オーナーの本音を言うなら、全員一人前になってもらう必要はないからです。

社内試験に合格したばかりの新人がパーマを巻こうとすると、初めのうちは通常の倍以上の時間がかかります。それでは大勢のお客さまをお待たせすることになります。トップスタイリストを頂点とするスターシステムなら、パーマのお客さまをより効率的に、しかも並行して何人もさばけるので、売上が立ちやすいのです。

こういうビジネスモデルでは、下働きのスタッフはいつまで経っても成長できませんし、仕事の大変さに見合わない薄給しかもらえません。それが嫌で一人前になる前に辞めていく若者がたくさんいます。高給がもらえるのは、限られたトップスタイリストだけ。トップスタイリストに辞められたら困るので、サロンは高給を払っているのです。

うちのサロンにはスターはいりません。互いに補い合い、面倒を見合いながら、チームワークで仕事を進めるのが、私たちのスタイルだからです。

もしもスターが生まれたら、そこにお客さまを集めて効率的なビジネスが展開できるかもしれません。でも、スターが辞めた瞬間、お客さまを一挙に失います。かといって、スターを引き止めるために高給を払おうとすると、ほかのスタッフに薄給で我慢を強いることになりますから、社員第一主義の原理原則に反します。

チームワークで仕事を進めていたら、先輩が辞めるときでも、「次からは後輩をよろしくお願いします。彼のカットの技術はスゴいですよ」などと引き継げます。お客さまも、仲良く仕事していた先輩から紹介されたら、「じゃ、次からは後輩くんにお願いしようかしら。楽しみだわ」と言ってくださるでしょう。

スターシステムと比べると大きな売上は期待できませんが、誰がいつ抜けても売上が大きく下がらないのが、チームワークシステムの強みだと私は思っています。

## 人間関係がこじれたときは、まずは先輩に声を掛ける

先輩たちにかわいがられそうだと思って採ったとしても、人と人には相性があります。うまくいかないことだって当然あり得ます。

サロンでの人間関係の軋轢《あつれき》は上と下、つまり先輩と後輩の間で起こりやすいものです。同期は仲間意識が強いので、大きなトラブルは滅多に生じないものなのです。

上と下が何かの理由でギクシャクしているときには、私はまず先輩に声を掛けるようにしています。年の功で先輩には気持ちに余裕がありますが、人生経験が浅い後輩は往々にしていっぱいいっぱいだからです。

いっぱいいっぱいの下の子に、「今はつらいかもしれないけれど、この経験がいつか役立つときがくるぞ」と声を掛けたとしても、おそらく心に響きません。その言わんとするところは、結局は「今は下のお前が我慢しろ」だからです。

店舗内で立場が下のスタッフなら、似たようなことを周囲から耳にタコができるくらい繰り返し言われていることでしょう。そんな調子では「上は全然分かっていないし、ディレクターだって上にばかり忖度している。もう無理！」と心を固く閉ざすか、最悪の場合には退職を決意することだって考えられます。

人間関係にトラブルの気配を感じたら、私は下ではなく、上に対してアプローチします。「あいつ、凹んでいるらしいけど、理由分かる？」といった具合に水を向けるのです。気が利く先輩なら、「それは俺が原因だと思いますよ」と察するでしょう。察しの悪い先輩だと、「よく分からないけど、落ち込んでいますね。店長と何かあったんですかね」と知らんぷりをするかもしれません。

いずれにしても、「後輩をケアするのは先輩の役割だろ！」などと叱ることはせず、「頑張り屋の後輩を盛り立ててやってくれよ」「これからも上手にフォローしてやってくれ」といった前向きなメッセージで、関係改善につながる行動を促します。

同時に店舗の責任者である店長には、下の言い分をきちんと聞いたうえでケアしてもらいます。私が先輩、店長が後輩という使い分けをして、店舗内の人間関係がこじれないよ

だからこそ、美容師は、お客さま一人ひとりに合うスタイリングを作り出す必要があります。それがデザインなのです。

## デザインには、「目的」、「働き」、「問題解決」という3つの要素がある

自分が良いと思った髪型や色合いをデザインとしてお客さまに一方的に押し付けるのは、デザイナーではありません。それはアーティストです。

アーティストは、感性の赴くままに好きなアートを好きなように作り、それを気に入った人だけに評価してもらえばいいというスタンス。

アートに決まりはありませんが、デザインはアートとは違い、「目的」、「働き」、「問題解決」という3つの明確な要素があります。それを踏まえた提案ができるのが、私が考えるデザイナーなのです。

グラスを例にとって、デザインの「目的」、「働き」、「問題解決」を分かりやすく説明します。

ひと口にグラスといっても、ビアジョッキ、ワイングラス、ブランデーグラスなどと、

いろいろなデザインがあります。

グラスのデザインの「目的」は、飲み物をボトルから少しずつ小分けにして飲むというもの。「働き」は、飲み物を飲むまでの間テーブルなどの上で安定させておき、こぼさずに保つこと。ここまでは、ビアジョッキ、ワイングラス、ブランデーグラスで共通しています。でも、この3タイプのグラスでは「問題解決」が異なります。それが、デザインの違いに反映されているのです。

ビアジョッキは、冷えたビールをゴクゴクおいしく飲むという「問題解決」のためにデザインされています。

ゴクゴク飲めるように大ぶりで大容量ですし、ビールがぬるくならないようにグラスもぶ厚く作られています。それだと重たくなるので、持ちやすいように持ち手が付いています。

ワイングラスは、ワインの繊細な味わいはもちろん、香りと色を楽しむという「問題解決」のためにデザインされています。

ワインは温度によってテイストが変わるので、グラスを直接手で持って体温を伝えなくても済むように、ステムと呼ばれる脚が付いています。ブドウの品種ごとに味わいと香りを最大限に享受できるように、バルーン（本体）の形状も最適化。美しいワインの色合いが引き立つように、透明度の高いクリスタルガラスで作られるのが一般的です。

ブランデーグラスは、ブランデーの芳醇なブーケ（芳香）と味わいを楽しむという「問題解決」のためにデザインされています。

バルーンが球体に近いのは、ワイングラスとは対照的に手のひらの優しい温もりを時間をかけてブランデーに伝えつつ、かすかに蒸散するブーケが最大限に楽しめるように考えられているため。そして琥珀色の色合いを目で見て味わうために、ワイングラスと同じようにクリスタルガラスで作られています。

では、美容師が考えるべきデザインの「目的」、「働き」、「問題解決」はどうでしょうか。

美容室にいらっしゃるお客さまの「目的」は、自分ではできない専門的なヘアケアや、伸びた髪を短くカットすることで収まりを良くして、フォルムを変えてイメージチェンジをしてもらうこと。「働き」とは、ヘアケアやカットだけでは手入れしにくい部分を、パーマで毛量、カラーで色合いを変えるなどして、個性に応じたポジティブな変化を与えることです。

その先にある「問題解決」のテーマには、丸顔が気になる、小顔に見せたい、背を高く見せたい……といったことが考えられます。

そのためにやるべきデザインは、グラスの例と同じように千差万別です。どうすれば丸顔が気にならなくなるか、小顔に見えるか、背が高く見えるかは、お客さま一人ひとりの理想によって変わってくるからです。

## コピーに徹したら100点しか取れない。150点のデザインを目指すべき

専門的な説明をすると、ヘアデザインには7つの要素があります。それは①ポイント、②ライン、③シェイプ、④マス、⑤カラー、⑥サイズ、⑦テクスチャーです。

①ポイントとは、髪が流れる出発点。②ラインは、その流れが直線的なのか、曲線的なのかを示します。このラインが動くことで形=③平面的なシェイプが生まれます。④マスとは、髪の立体的なシェイプ。⑤カラーは髪色。⑥サイズは髪全体の大きさ。⑦テクスチャーは髪の質感を示しています。

これらの7つの要素の組み合わせでデザインが成り立ちます。

デザイナーは、お客さまの「問題解決」のために、この７つの要素をどう組み合わせるかというオーダーメイドかつオリジナルな提案ができなければなりません。

多くのお客さまは美容室を訪れる前に、自分なりの「問題解決」をあらかじめ用意しています。例えば、顔が大きいのがコンプレックスで、ヘアの工夫で小顔に見せたいという「問題解決」を希望するお客さまは、インターネットの検索窓に「小顔　ヘアスタイル」と打ち込んで画像検索を行い、こんなふうにしたいというお気に入りのサンプルを用意しているかもしれません。

では、お客さまがスマホでそのサンプルを見せて、「こんな感じにしてください」と告げたら、その要望に素直に従うのが、美容師として正しい判断なのでしょうか。

お客さまがそう望んでいるなら、そのとおりにしてあげるのが、美容師の役目だと考える人もいるかもしれません。７つの要素を巧みに駆使しながら、苦労してサンプルの完全なコピーを作り上げることができたら、１００点満点です。お客さまも願いが叶ってきっと満足してくれるでしょう。

でも、それはデザイナーではなくスタイリストの仕事。デザイナーが目指すべきなのは、

100点満点ではないと私は思っています。

サンプルという見本がある以上、100点以上の得点は取れません。けれど、お客さまのサンプルとは少し違った方向性だったとしても、お客さまが「え、そんなやり方もあるのね。私史上、最高に小顔になったかもしれない！」と大喜びしてくれたら、120点、150点が取れることもあるでしょう。

デザイナーが志すべきなのは、完コピを作って100点満点で満足するのではなくて、お客さま自身もまだ気づいていない魅力を見つけ出し、その良さを活かす提案を行うオリジナルのデザインで120点、150点をゲットすることだと私は思います。

困ったことに、「小顔　ヘアスタイル」で検索したサンプルが、小顔になりたいというお客さまの「問題解決」に最適なソリューションであるという保証はどこにもありません。世の中には、間違ったデザインの常識が広く拡散しているからです。

分かりやすい例を一つだけ挙げて説明します。ストライプ柄（縦縞）とボーダー柄（横縞）のカットソーでは、一体どちらのほうが細く痩せて見えるでしょうか。

こうした問いを講習会などで投げかけると、多くの方が「ストライプ」と答えます。試しにネット検索してみても、「ストライプ柄のほうが体型は細く着痩せして見える」と主張する記事が多くヒットします。

ところが、本当はボーダー柄のほうが細く痩せて見えます。着痩せしたいと思ってストライプ柄をチョイスしてしまうと、太って見えるのです。

ボーダー柄の着痩せ効果が手軽に実感できる、十円硬貨を使った簡単な実験があります。十円硬貨を積み重ねて真横から見ると、ボーダー柄が現れます。私は講習会などではパワーポイントを使って、画面に十円硬貨を１枚ずつ次々と重ねて「正方形になったら、手を挙げて教えてください」と会場に問い掛けてみます。

すると、12枚または13枚くらいまで積み上げると、ほとんどの方が「正方形になった」と手を挙げます。でも、実際は15枚積み上げてようやく、ちょうど正方形になるのです。15枚積み上げる前に、正方形に見える人が多いということは、ボーダー柄のほうが細く見えるという証拠です。

仮に、ストライプ柄のほうが細く見えるという巷のウワサを信じ、美容師が前髪をパチンと切ってストライプのように垂らしたとします。すると、意図とは真逆に、顔が大きく見えるようになり、目と目の間が離れて見えるようになります。そんなカットをしていたら、いつまで経っても指名が入る人気デザイナーにはなれないでしょう。

大げさに言うなら、ヘアデザインは、人生のデザインにもつながります。

成人式の着付けとセットで初めてお店に行って、うちのデザイナーから「お客さまは左目が二重になっているから、写真は左側から撮ってもらったほうがいいと思います。ヘアアクセサリーは右側につけるのが基本セオリーですが、左側につけてみませんか?」と提案されて納得してそのとおりにしてみたら、成人式の記念写真が想像以上にかわいく撮れるかもしれません。それから私たちのファンになって通い続けたら、履歴書の写真もうまく撮れて就活でも優位になり、希望どおりの仕事が見つかる可能性があります。容姿に自信がもてたら、婚活だって望みどおりに進められるでしょう。

そのように考えると、ヘアデザインは人生のデザインにもつながるといっても過言ではないのです。ならば、美容師はスタイリストではなくデザイナーだと思ったほうが、自分の仕事にいっそうの誇りと自信がもてるのではないでしょうか。

私がすべてのスタッフに目指してほしいのは、お客さまの人生を前向きにデザインできる美容師なのです。

## 将来の独立に備えて、全員にチーフか店長を経験させる

私たちのサロンには、アシスタント、ジュニア・スタイリスト、スタイリスト、サブチーフ、チーフ、店長という６つのポジションがあります。

アシスタントは、初めにシャンプー、マッサージ、ブローといった仕事をこなします。それができるようになったら、カラーリングとパーマのヘルプに入ります。

２年くらいアシスタントを経験した頃には、社内の試験に合格してカットが任せられるようになります。美容学校で学び、国家試験に合格しているとはいえ、人様の髪を自由自在にカットできるようになるまでには、それくらいの時間がかかるのです。

人形（モデルウィッグ）を用いたカットのテストに合格したら、ジュニア・スタイリストと名前が変わり、半年ほどで人頭モデル（カットモデル）を用いたテストを終了したらスタイリスト。ここまで２年から２年半かかる計算です。指名のお客さまが売上の半分以上を占めるようになったら、一人前の美容師といえるでしょう。

スタイリストになってデザインの腕前を磨き、だいたい３～４年でチーフに昇格します。

チーフは後輩の面倒を見ながら、店長のサポートを行います。

店長は、サロンの現場に立ちながら、各店舗の責任者として広い視野でマネジメントを行います。スタッフの配置と評価、売上目標の達成、私とのパイプ役などを担っています。

せっかくうちに入社したら、全員に少なくともチーフ、できたら店長を体験してもらいたいと考えています。美容師は、美容にいかに詳しくても経営はズブの素人。マネジメントのセンスに恵まれているわけでもありません。チーフも店長も経験していないと、将来巣立ったとしても成功はおぼつかないからです。


けれど、なかには「私はチーフの器でないので、スタイリストのままで結構です」と昇格を拒むスタッフもいます。チーフになれないと、店長にもなれません。

チーフ昇格を拒む人には、二つのタイプがあります。

一つ目のタイプは、チーフが十分務まるのに、その自信がもてないタイプ。「うちのチーフのように、私は周りをサポートできません。まだまだ早いと思います」という言い方で昇格に前向きになってくれません。

そういうときは、「お前は、自分の良さに気づいていない。失敗した後輩をフォローしているじゃないか」と私がハードルを下げてあげると、「え、それでいいんですか？」などと頑なな態度が軟化します。「何かあったら、任命した私が責任を取るから、心配しなくていいよ」といった話し合いを何度か重ねているうちに、「ディレクターがそこまで言うなら、チーフをやってみます！」と変わってくれます。

自信がなかった子でも、いざチーフになってみると、チーフとしてきちんと機能してくれます。この20年間、私が見込んでチーフに昇格させた子で、「やっぱりチーフにするのが早過ぎた」と気づいてスタイリストに戻したケースは一つもありません。チーフという器が、チーフという人間を作ってくれるのだと思います。

昇格を拒むもう一つのタイプは自分にしか興味がなく、先輩や後輩との関わりが不器用なタイプです。基本的にこのタイプは放っておきます。そういう人間を採用したつもりはないのですが、2割くらいはそういうタイプも混じるのです。

こういうタイプでも、放置しているうちに同期がチーフになったり、店長になったりするようになると、チーフや店長の仕事に興味をもつようになり、「チーフをやらせてください！」と手を挙げるようになるケースもあります。やらせてみると、「器が人を育てる」ので案外良いチーフ、店長に成長してくれるものです。

# 第3章

# リピーターを作る接遇の秘密

マニュアルなしの接客術

自他ともに認める私たちの最大の武器は、接遇だと思っています。

接遇とは、おもてなしの心をもってお客さまに接すること。「ホスピタリティ」という言い方もあります。

お客さまからは、「スタッフ同士の仲が良くて、いつ行ってもリラックスできる」というお褒めの言葉をたびたび頂戴しています。

多くの美容室を知っているはずのメーカーさんやディーラーさんからも、「ほかのお店とは雰囲気がまるで違う」という声をよく聞きます。

オープン以来ずっとホスピタリティを大事にしているからこそ、こうした言葉は何よりも励みになります。

私がこの業界に飛び込んだ1980年代は、じっと黙って待っていても、お客さまが引きも切らないような状況でした。美容室バブルだったのです。

そこには、接遇やホスピタリティという概念が入り込む余地はありませんでした。なにせ、美容師がお客さまから「先生」と呼ばれていた時代だったのです（今でも、美容業界の集まりでは、サロンオーナーは互いに「先生」と呼び合っています。昔のクセは容易には抜けないものですね）。

現在では前述のようにサロンがオーバーストア状態に陥り、各エリアの限られたお客さまを奪い合うような状況を迎えています。そこで差別化する大きなポイントは、ホスピタリティにほかならないと私は思っています。

繁盛店を支えているのは、リピーターという名のファンの存在です。リピーターが作れないサロンに繁栄はあり得ません。

仮に技術はそこそこだけど、ホスピタリティが１００点満点のサロンと、技術は抜群なのに、ホスピタリティが50点のサロンがあるとしましょう。

果たしてお客さまがリピーターになってくれるのは、どちらのサロンでしょうか。

私は、技術はそこそこだけど、ホスピタリティが１００点満点のサロンのほうがリピーターを作ることができると考えています。

ホスピタリティが優れていれば、お客さまがもし今回の施術で気になったところがあったとしても、きっとあのお店なら私が気に入るまで直してくれるはず。お客さまにとってクレームはとても言い出しにくいもの。それでも、あの人なら言えばきっと真摯に対応してくれるという安心感を与えるのもホスピタリティのなせる技です。

技術力にも絶対の自信はありますが、うちはホスピタリティの高さでお客さまから選ばれるサロンでありたいと願っています。

すでに指摘したように、お客さまは単に伸びた髪を切るために美容室へ足を運ぶわけではありません。自分がキレイになっていくプロセスを、リラックスできる空間で楽しみたいと思っているのです。だからこそ、ホスピタリティこそサロンが何よりも重点的に強化しなくてはならないポイントです。

プロ目線で冷静にチェックすれば、美容師の技術には細かい善し悪しがあります。でも、美容師は来る日も来る日も何人もカットして腕を磨いているのですから、そのお店でカットを任される立場になっているとしたら、お客さまから「この人、ヘタクソね！」と思われることは考えられないのです。

デザインをするうえで、細かい技術よりも重要なのは、お客さまの要望を聞き出して、それに120%、150%応える点にあります。それは高いホスピタリティがあって初めて実現できること。だから、仮に技術がそこそこだったとしても、ホスピタリティ100点満点のサロンのほうがリピーターを作ることができるのです。

## マニュアルがないからこそ、一人ひとりに合わせた接遇ができる

私たちはホスピタリティを重視していますが、それは文書などにマニュアル化されているわけではありません。

大切にしたいのは、お客さま一人ひとりに応じたオーダーメイドの接遇。マニュアルがあるとなにかと便利ですが、それに縛られると個々のお客さまへのオーダーメイドの柔軟な対応を邪魔する恐れがあるからです。

リピーターを作る接遇とは、シンプルに言うなら、「またあのお店に行ってみたい」「またあのスタッフに会ってみたい」と思われるようなホスピタリティです。

でも、お客さまの顔かたちが一人ひとり異なるように、「またあのお店に行ってみたい」「またあのスタッフに会ってみたい」と思うツボは違います。

あるお客さまにとっては、夫の愚痴を黙ってうなずきながら聞いてくれるのがうれしいかもしれませんし、別のお客さまは余計なおしゃべりをしないで黙って手を動かしてほし

いと思っているかもしれません。まさに千差万別で一人ひとりのツボが違うのですから、画一化された接遇は通用しないのです。

お客さまが、髪が薄くなってきたのを気にする様子だったので、「まだ大丈夫ですよ！」と明るく声を掛けたら、元気になってくれた経験をしたとします。だからといって、「髪が薄くなった気がする」と本気で不安そうなお客さまに、「いやいや、大丈夫っすよ！」と適当な返事を返したら、お客さまは「全然大丈夫じゃない！　お前、ちゃんと見てないだろ！」とムッとして二度と行きたくないと思うでしょう。

美容師がお客さまの頭髪の状況を確認して、当人が真剣に心配していると見抜いたら、「早めに対処したほうがいいかもしれません。少しお金はかかりますが、こういう方法がありいます。ご説明しましょうか」と丁寧に接したら、「またあの店に行きたい」と思ってもらえるのではないでしょうか。

重要なのはマニュアルに頼らず、自分の頭でお客さまが何を求めているかを徹底的に考えること。お客さまは1回あたり1～2時間もサロンにいらっしゃいます。その間にお客さまの話をしっかり聞き、こちらのトークにどう反応しているかなどをチェックすれば、ツボの在り処は自ずと分かるようになるのです。

## 社員第一主義が無類のチームワークとBGM不要のリラックス空間を作る

ホスピタリティを高めるためには、「お客さまは神さまです」と崇め奉るような顧客第一主義を貫くのが近道だという考え方もあるでしょう。

しかし、私の「7つの非常識」では、社員第一主義、顧客第二主義を標榜しています。それがお客さまに喜んでいただける接遇につながると信じています。

社員第一主義では、スタッフ対お客さまという人間関係以前に、スタッフ対スタッフの人間関係を重んじます。同じ釜の飯を食うスタッフ対スタッフの人間関係こそが、すべての人間関係のベースとなるからです。

スタッフ同士で良いコミュニケーションが取れて、良好な人間関係が築けていたら、スタッフ対お客さまでも同じような接遇が可能になります。スタッフ同士の仲が悪いのに、スタッフ対お客さまの人間関係が良好という状況は起こり得ないのです。

ですから、うちに入った新人の教育は、お客さまに対しての態度以前に、まず先輩に対する態度から始まります。先輩への言葉遣い、表情、挨拶の仕方といった社会人として当然の礼儀作法は、店長やチーフのような幹部、そして私からだけではなく、スタッフ全員から厳しく指導されます。

これまで私たちのサロンには中途採用がほとんどなく、ほぼ全員が新入社員。接遇に関してはズブの素人からスタートしています。頑なな思い込みがない、まっさらな状態だからこそ、先輩たちの薫陶をストレートに継承できるのでしょう。幹部だって最初は新人ですから、それぞれの先輩たちの指摘を受けて痛い思いを散々しています。そうした実体験を踏まえたアドバイスは、後輩の胸にも刺さるのです。

だからといって、大昔の体育会系の部活のように、何がなんでも先輩の言うことが絶対に正しく、先輩には絶対服従という関係性ではありません。「いくら後輩に対してでも、その態度、その言い方は愛がなさ過ぎでしょ！」という場面を見聞きしたら、その場で幹部や私から突っ込みが入ります。

その繰り返しによって、後輩が先輩をリスペクトし、先輩が後輩を思い遣り、同期同士が支え合う、結束力が強くて一体感のある組織が出来上がります。それがチームワークを高め、アットホームな雰囲気を作り上げるのです。多くのお客さまから、「スタッフ同士が仲良しだから、気持ちがいい」と言っていただける理由でしょう。

お客さまからは、「何かにつけて、後輩が先輩の自慢をするのがほほえましい」という声も頂戴します。それも後輩が先輩を心からリスペクトしていればこそです。

先輩に後輩を思う心があれば、「こいつの実家は北海道なんですけど、コロナのステイホームで初めて松戸で1人でお正月を過ごし、お節料理に挑戦して大失敗したらしいです。手先は器用なのに、料理が下手ってウケますよね」といった愛あるいじりができるので、新人もお客さまと気軽に会話が交わしやすくなります。「お節料理って、何を作ったの？」とお客さまが突っ込んでくれたら、先輩のいじりをきっかけとして会話も弾むでしょう。何気ない小さな積み重ねが、将来の指名獲得につながっているのです。


後輩がリスペクトする先輩を自慢し、先輩が愛情をもって後輩をいじり、同期同士が支え合い、そこにお客さまを巻き込むからこそ、店内では常にあちらこちらで会話と笑顔の花が咲いていています。

あるお客さまから、「ここはＢＧＭはいらないわね。お客さんとスタッフ、そしてスタッフ同士の会話が聞いていていて耳に心地いいから、音楽が流れていなくても退屈しないし、リラックスできるの」と言われたことがあります。それは私たちに対する最大級の褒め言葉です。

## ライバルはほかの美容室ではない。ミシュランの星付きレストランだ

私はスタッフたちに、「私たちの接遇のライバルは、ほかの美容室ではないよ」と言っています。

今日の午後、お店にいらしたお客さまは、昨晩はミシュランの星付きレストランでボルドーワインとともにフランス料理を堪能していたかもしれません。先週末はリッツ・カールトンに宿泊して、スパで全身をケアしていたかもしれません。

食事には星付きレストランを選び、定宿はリッツ・カールトンというお客さまが、私たちの美容室を選んでくれているとしたら、高級レストランや外資系のラグジュアリーホテルと同じレベルのホスピタリティで応えない限り、お客さまを満足させることはできないのです。

採用基準は人格第一であり、ルックスでは採用していないので、お店には高級レストラ

ンやラグジュアリーホテルのように都会的なイケメン、イケジョがそろっているわけではありません。九州や北海道といった地方出身者が大半であり、お客さまにとっては姪っ子や甥っ子に1人いてもおかしくないような親しみやすい印象のスタッフが多いので、肩肘を張らない接客を心掛けています。

私たちの接遇の武器になっているのは、クールなルックスでも、隙のない身のこなしでもなく、お客さまをいかに愛して、大事にしているかを日頃の言動で真摯に伝えること。すると、お客さまも、スタッフを自分の姪っ子や甥っ子のように愛してくれるようになり、信頼関係が生まれるようになります。

予約の取れない星付きレストランに、お客さまから新規予約の電話が入ったのに、残念ながらその日時が満席だったとしたら、「申し訳ありませんが、ご希望の日時ではご予約を受け賜れません。1カ月以上先なら比較的予約も入りやすいのですが、もし良かったらご検討いただけないでしょうか？」と丁寧な口調で応えるでしょう。

その対応でもお客さまは不愉快な思いはしないでしょうが、うちのスタッフなら、次のようにお客さまの期待に応えられない悔しさを前面に押し出すでしょう。

「その時間ですよねぇ。いっぱいなんですけど、そこがご希望ですよね〜。ちょっと待っていただけますか？　担当者に聞いてみます」と電話をいったん保留にし、確認してもやはりダメなら「ゴメンなさい。聞いてみたんですけど、やっぱり無理みたいです。すいません、お役に立てなくて」と心底申し訳なさそうに対応します。お客さまは「自分のために一生懸命努力してくれた。希望が叶えられないのは残念だけど、また予約の電話をしてみよう」という気になるのではないでしょうか。

むろんこうした電話対応は、お客さまの歓心を買うための演技ではなく、お客さまのお役に立ちたい一心から生まれるものなのです。

## 1人のお客さまを必ず2人以上で接客している理由

私たちのサロンでは、特別な事情がない限り、1人のお客さまを2人以上で担当するようなオペレーションを組んでいます。基本的なセットは店長やチーフなどの先輩1人に対して、後輩のアシスタントが1人です。

先輩がお客さまをカットするときは、後輩は斜め後ろ45度でお客さまとは鏡越しに視界に入り過ぎない絶妙な位置をキープします。そして手鏡や水スプレーを手にし、先輩から「水スプレー、頂戴」などと声が掛かったときに、素早く対応します。ブローやパーマなどは先輩と後輩が２人で手分けして行うこともあります。

お客さまを２人以上で担当する理由は二つあります。

一つ目は、後輩には、先輩の仕事ぶりをいちばん近くで見て覚えてもらいたいからです。そこではカットなどの技術面だけではなく、話術や接遇のやり方も学んでいってほしいのです。そこへおのおのが自らの強みや弱みといった個性を掛け合わせながら、先輩のコピーではない、自分らしいホスピタリティが身につくのです。

もう一つの理由は、若い子たちには接客に早く慣れてほしいからというものです。

美容学校で接客の細かいメソッドが学べるわけではありませんし、若い子にはコミュニケーションを取るのが苦手なタイプもいます。だからこそ、早めに接客の現場に巻き込み、「習うより慣れよ」で接客を覚えてもらいたいのです。

美容室に入ったばかりの新人は、床掃除やタオルの洗濯といった下働きを担当する機会がどうしても多くなります。でも、下働きばかりではお客さまと触れ合うチャンスがなく、接客の経験値が上がりません。だからこそ、先輩の接客の現場に立ち会い、お客さまと触れ合うチャンスを少しでも増やしたいのです。

経験が浅いと、お客さまにどう接し、何を話せばいいのか分からないものです。けれど、ともに担当している先輩が後輩をお客さまに紹介してあげれば、後輩もお客さまの懐に入りやすくなります。

例えば、お客さまが「見ない子ね。新人が入ったのね」と気づいてくれたら、先輩は「そうなんですよ。新卒1年目です。シャイなんですけど、九州・博多出身で山笠のときは『締め込み』姿で走り回るらしいです」などと紹介します。すると、お客さまは「うちの夫も小さいときに博多に住んでいたことがあったのよ」とか、「博多山笠、一度でいいから見てみたいけど、そのチャンスがまだないの。それはそれは勇壮なんでしょう?」などと応えてくれるでしょう。先輩のフリがフックになれば、シャイで口下手な後輩もお客さまの前でも緊張せず、自然なコミュニケーションが交わせるようになります。

コミュニケーションが何もないうちに、「はい、次はシャンプーをお願いね」と先輩に声を掛けられて、後輩が「シャンプーを担当します、高橋です。よろしくお願いします」

と初対面のお客さまを担当しても、話は弾まないものです。

前述の例なら、シャンプーをしながら、「旦那さんは、博多のどのあたりにお住まいだったんですか？」などと話がつながりますし、お客さまも「今度聞いておくわ。高橋さんは新人の割にシャンプーがお上手ね」などと好感をもってくれるかもしれません。

こうやって先輩から後輩へと、マニュアルのない接客の心構えとスキルが伝えられます。そして先輩のお客さまが、やがて後輩のお客さまになっていくのです。

お客さまを２人以上で担当するようになったのは、私が修業時代にそうしていたからです。

修業時代の後半、講師として日本全国を飛び回る機会が増えてくると、サロンの現場に立つチャンスが少なくなりました。

お客さまを初めから後輩と２人で担当していれば、私が不在のときには一緒に担当していた後輩が「星野様、いらっしゃいませ。今日はあいにく堀が北陸地方へ講習に出掛けて不在なので、私が担当させていただきます」などと引き継ぐことができます。

後輩もお客さまの髪質やニーズなどが分かっており、顔見知りで言葉も交わしていますから、お客さまも何の不満もなく「そうなの。残念ね。じゃあ、いつものようにお願いしますね」とお任せいただけるのです。修業時代にやっていたことを独立後も踏襲していたら、接遇の改善という副産物が得られたのです。

## 朝礼、終礼でお客さまの情報を共有。親近感と愛情を育てる

1人のお客さまに最低2人で対応するという話をしましたが、さらにいうなら、全員担当制のようなもの。お店のお客さま全員を、担当者はもちろん、スタッフ全員が担当しているという気持ちで接しています。

お客さまがお店にいらっしゃったら、担当者だけではなく、お店のスタッフ全員が「いらっしゃいませ。ご来店、ありがとうございます！」と満面の笑顔で挨拶します。入店したタイミングで挨拶できなかったとしても、お客さまは1~2時間はお店にいらっしゃいますから、挨拶する機会はどこかで訪れます。

サロンでは毎朝、始業前に朝礼が行われます。そこでは、その日に予約が入っているお

客さまの情報を全員で共有します。

例えば、「午前中にいらっしゃる田中さんは、足が少し不自由です。シャンプー台への移動がいちばん楽な席にスムーズな誘導をお願いします。あの席は少し寒いので、膝掛けも用意するようにしてください」とか、「午後いらっしゃる佐藤さんは、最初から最後まで僕が付いていないと、不安になります。佐藤さんがいらっしゃる間は、僕はかかりっきりになりますから、ほかのお客さまへのサポートをいつも以上に気を配ってください」といった情報を共有するのです。

こうした話を聞いていると、担当者以外でも、田中さんや佐藤さんがどういう方なのかが頭に入ってきます。そして来店時に顔を合わせて挨拶をすれば、田中さんや佐藤さんも自分のお客さまのような気分になるのです。

営業が終わったあとの終礼では、それぞれが「ココイチ」を発表します。「ココイチ」とはあの有名なカレーチェーンのことではなく、「今日ココがイチばん良かったと思ったポイント」という意味です。

そこでは、「岡本さんは、遠方から電車を乗り継いでいらっしゃいます。うちのお店の雰囲気が大好きで『またお店に行けると思ったら、電車の乗り継ぎも苦じゃない。1カ月に一度のご褒美みたいなものよ』と言ってくださいました」とか、「武田様は、先日信州にドライブ旅行へ出掛けた際のお土産を買って来てくださいました。今度旅行に行ったら、お返しに何かお土産を買って帰りたいと思います」といったポイントを一人ひとりが発表するのです。

ほかのスタッフの「ココイチ」を聞いているうちに、お客さまの人となりが分かってくると同時に、「お客さまはそんなにうちのお店を気に掛けてくれている！」とか、「そこまで好きでいてくれているんだ！」といった感謝の念が募ります。それが半年、1年と続くと、お客さまへの親近感や愛情が湧いてくるようになります。

お客さまへの親近感や愛情がスタッフ全員で共有できるようになり、お客さまを全員で担当させてもらっているという気持ちになれば、お店全体に一体感が生まれます。それが私たちのサロン独特の温かい空気感につながっているのです。

スタッフの証言によると、美容学校の同期が勤めているほかのサロンでも、朝礼や終礼は一応行われているようですが、単なるルーティン（形骸化した儀式）になっており、うちのように内容の濃いものではないようです。

そのせいなのか、ほかのサロンでは、休憩中に「あのお客さん、仕上がりにケチをつけてくるから大嫌い。担当変えてほしいわ」などと、お客さまの悪口が聞こえてくることもあるのだとか。そう教えてくれたスタッフは、「『それはお前のカウンセリングが足りないからでしょ！』と突っ込みたくなりました」と苦笑いしていました。

私は「お店に行かない」という非常識を貫いていますから、休憩中にスタッフ同士がどんな会話を交わしているかを知りません。ですが、お客さまを心から愛するうちのスタッフが陰口を叩くようなことは１０００％ないと断言できます。

## 他店のカットを決してけなさない

うちのスタッフには「ほかのサロンでカットしたものを、決してけなさないように」と伝えてあります。カットの善し悪しは、見かけのみならず、手入れのしやすさなども含めて、お客さま自身が判断するものだからです。

それに「どうしても出張先で我慢できなくなって切ったの」とか「予約が取れなくて、

近くのお店で切っちゃったの」などとおっしゃるお客さまには、少なからず罪悪感があります。忙しくて自分で前髪を切ったのに、「ゴメンね。自分で切っちゃったの。上手に切れていないから、やりづらいでしょ」と謝る人もいるくらい。自分の髪を自分で切っても、誰からも非難される筋合いはないのに、それにすら罪悪感をもつものなのです。

他店のカットを「いやいや、これは直すのが結構大変ですよ」とネガティブに評価してしまうと、お客さまの罪悪感はいっそう強くなります。その罪悪感をもう味わいたくないと思ったら、一度でも〝浮気〟したら、二度と戻って来なくなるでしょう。

他店のカットをどう感じたとしても、「あぁ、ちゃんと切れていますね。この方、お上手ですね」と褒めてあげたほうが、お客さまも気が楽になって救われます。

もう一歩踏み込むなら、褒めっ放しではなく、いったん褒めておいてから「丁寧なカットですね。でも、ここら辺が広がりませんでしたか？」と水を向けてみます。「あ、そうそう。分かります？」といった返事が返ってきたら、すかさず「分かりますよ。だって僕は阿部様を、もう5年以上も担当させていただいていますから！」と笑顔で応えるのです。

すると、〝浮気〟したという気持ちが救われますし、「このカットの良さや問題点が一瞬で分かるのは、やはり長年私を担当してくれているからだ」と再認識してくれますから、〝浮気〟が本気に変わるのを防げるのです。

これは男女間の浮気と同じ感覚。「私は本妻だから、本気でない浮気は大目に見るわよ」という器の大きさを見せたほうが、お客さまは気が楽なのです。

私たちのプライドが何よりも傷つくのは、いつの間にか〝浮気〟が本気になり、お客さまがパタッといらっしゃらなくなるときです。他店に一度や二度行ったくらいで傷つくような安いプライドは不要です。

お客さまが来なくなってしまったら、どこに問題があったのかをじっくり分析します。遠方に引っ越したせいで足が遠のくのは分かりますが、そうでない場合に〝浮気〟が本気になってしまったのは、自分たちのテクニックが悪かったのか、接客がダメだったのかを分析して同じ失敗を二度と繰り返さないことが求められるのです。

## 徹底したヒアリング、ミラーリングでお客さまの隠れたニーズを聞き出す

美容院の接客の究極の目的は、お客さまの隠れたニーズを引き出し、一人ひとりにベストなデザインの提案をすることです。

そのために私たちが意識しているのが、先入観のない無の状態で、お客さまの話に目、耳、心を傾けて「傾聴」すること。聞き役に徹して、途中でお客さまの話の腰を折らずに、「もうこれ以上、何も言いたいことはないわ」というくらいまで話をうかがいます。

サロンワークを早く終わらせて回転を良くしたい美容室は、ヒアリングが中途半端で結論をすぐに出したがる傾向があります。

「何かお困りのことはありませんか?」と水を向けて、お客さまが「髪の毛が多過ぎて、広がるのが嫌なのよ」と言ってきたら、「あ、分かりました。きっとこのあたりが広がりますよね。ここのボリュームを減らし、広がらないようにしますね」と早々に結論を出し、スタイルブックをお客さまに渡します。そこから「どんな感じがご希望ですか?」と気になるスタイルを選んでもらったら、さっそくカットに取り掛かります。

お客さまは、ほかに聞いてもらいたい不満やニーズがあったとしても、プロが結論を出して作業をスタートさせてしまったら、それ以上何も口を挟めなくなります。

そして肝心のスタイルに関しても、この例ではプロの側から提案するのではなく、お客さま本人に選ばせています。そんな思いをしたサロンのリピーターになろうというお客さまは、おそらく少数派でしょう。

私たちは初めてのお客さまには、「ご希望のスタイルは最後にうかがうとして、何か気になっているところがあったらお聞かせください」と声を掛けます（本来はスタイルではなくデザインですが、お客さまには分かりやすくスタイルと表現しています）。

そのあとは、相手の言葉をひたすら反復するミラーリングで、不満やニーズといったお客さまの情報をできるだけたくさん引き出そうとします。

お客さまが「髪の毛がうっとうしいのよ」とおっしゃったら、「うっとうしいんですね」とミラーリングします。「それにこの間パーマをかけたら、髪の毛が広がり、手入れがしにくくなって困っているの」とおっしゃったら、「パーマをかけたら髪の毛が広がって、お手入れがしにくいんですね」とミラーリングします。これを繰り返すと、お客さまは「話を聞いてもらえた」「共感してくれた」と感じるようになり、そこから信頼関係が生まれて本音がより聞き取りやすくなります。

さらに、「こうなったらいいのになぁ、と思っていることはありますか？」と話を振り、「夜シャンプーをしたら、朝は髪をあまり直さなくても、すぐに出掛けられるようになったらいいなと思うわね」といったニーズを引き出します。

お客さまの話を徹底してヒアリングしたうえで、最後に改めて「今おっしゃったことを踏まえて、僕からスタイリングを提案させてもらってもいいですか?」と声を掛けます。するとお客さまは十中八九、「はい。お任せします」と応えてくださいます。徹底してヒアリングとミラーリングを重ねて信頼関係が築けていますから、お客さまも安心して任せてくださるのです。

## テクニカルトークでお客さまの納得感と信頼性をアップさせる

この段階でようやくスタイルブックをお見せしながら、お客さまに「写真でいうと、こういう感じでどうでしょうか。これよりも少し短めにすると、髪の毛もうっとうしくなく、パーマをかけても髪の毛が広がりにくく、お手入れも楽になり、夜シャンプーしたら、朝はあまり直さなくても出掛けられると思います」と丁寧に説明します。

お客さまの了承が得られたら、カットなどの作業をしながら、何のために何をやっているかをお客さまに逐一説明するようにしています。これを私たちは、「テクニカルトーク」と呼んでいます。

テクニカルトークでは、カットなどをしながら、「先ほど毛先が絡まりやすいとおっしゃっていたので、ここはストレートに切るのではなく、ハサミを縦に入れておきますね。そうすると毛先が絡まりにくくなります」と説明をしたり、パーマを巻きながら「つむじが割れてペタンコになりやすいんですよね。ここは少し強めにパーマをかけて、ペタンコにならないようにしますね」と説明したりするのです。

お客さまは素人ですが、テクニカルトークを聞いていると、プロが自分の悩みやニーズをどう解決してくれているのかが具体的に分かるようになります。それが信頼につながり、リピーターを生んでくれるのです。

## お客さまを思う気持ちが、奇跡のようなエピソードを生む

この章の最後に、うちのスタッフたちが、いかにお客さまを愛して、お客さまからも愛されているかというエピソードを一つだけ紹介します。

このエピソードは、私が独立してまだ間もない頃に起こった話です。

ある日営業時間中に電話に出た若い女性スタッフが、電話を保留にしたうえで、「ディレクター、明日の火曜の定休日に着物の着付けと髪の毛のセットをしてほしいというお電話なんですけど、どうしたらいいですか?」と私に聞いてきました。

「どなたから?」と名前を確認してみると、どうやら新規のお客さまのようでした。

顧客ならともかく、一見さんのお客さま1人のために、定休日に営業する必要はないと私は考えました。そして「残念だけど、定休日だからできないとお断りしなさい」と指示を出しました。彼女は電話口に戻り、相手とひとしきりやり取りをしてから、再び保留にして私のところに事情を説明にやって来ました。「お客さまがとてもお困りのようなので、私にやらせてください。どうせ今度の火曜日は何も予定がないし、着付けとセットだけなら午前中の1~2時間で終わりますから、やってあげたいと思います。鍵を預からせてください」と言います。彼女がそこまで言うなら仕方ないと私も折れて、「ゴメンな。その日の売上から日当を出してあげるから、よろしくお願いします」と一任しました。

定休日明けの水曜日、出社した彼女から鍵を返してもらい、「昨日はどうだったの?」と話を聞いてみると、驚くような裏話がありました。

依頼者は、顧客である奥さまの娘さん。私が独立する前に結婚して姓が変わり、娘さんは松戸から遠く離れた場所に転居していました。結婚で姓が変わってしまっていたので、顧客のご家族だと分からなかったのです。

実は顧客の奥さまの旦那さまが突然亡くなり、お通夜のために娘さんは急遽戻っていました。お通夜に出るための着付けとセットをどうしようと悩んでいたところ、奥さまが「お世話になっているお店がある。そこならきっと対応してくれるはずよ」と紹介してくださったのです。火曜はどこの美容室も休みですから、私たちに一縷の望みを託したのです。奥さまも、自分の名前を出すのは、無理強いするようで気が引けたのでしょう。

あとで奥さまから、「あのときは急なお願いにもかかわらず、快く対応してくれてありがとうございました」と感謝されましたが、一度は「お断りしなさい」と言ってしまった私はただただ恐縮するばかりでした。

このときは「めぐり逢う方々を決して後悔させない」という私たちのミッションを忠実に実践し、たとえ一見さんでもお客さまを大切にしたいという若いスタッフの思いに救われた気がしました。

# 第4章

# 顧客を逃さないドミナント戦略と店舗設計の秘密

店舗はオンリーワンが命

うちの全5店舗は、すべて千葉県松戸市内にあります。市内で講演会などがあると、「私はこれまで松戸市にしか納税していません」という冗談を枕に使うくらいです。

サロンオーナーからは、「堀さんはドミナント戦略ですね」と言われますが、マーケティング的な意味合いから松戸市内のみで展開しているつもりはありません。

ドミナント戦略とは、コンビニチェーンなどが、特定の地域に集中的に出店してライバルに対して優位に立とうとする戦略のこと。

でも、私はライバルに対して優位に立とうというつもりは毛頭なく、同じエリアのお店はライバルというよりも、むしろ連れ立って日本の美容業界を変えてくれる仲間だと思っているくらいです。

私が現在に至るまで松戸市を基盤としているのは、20年前の2001年に独立する際、師匠から譲り受けた店舗「美容室 Okuchi」が、松戸市にあったから。それが現在の二十世紀が丘店です。

次なる店舗（上本郷店）をその近くに出したのは深謀遠慮の末の決断でも何でもなく、そのほうがいろいろな意味で都合が良かったからにほかなりません。

サロン経営を黒字化するポイントの一つは、固定費である家賃をいかに抑えるかということです。私は経費に占める家賃を7～10％と想定していましたから、地価が高い繁華街の駅前に無理して出店するよりも、松戸市内の住宅街で物件を探したのです。

また、その頃は人手不足でしたが（というよりも、常に人手不足です）、近所ならスタッフの貸し借りが臨機応変に行えます。二十世紀が丘店と上本郷店は、自転車で行き来ができる距離ですから、どちらか忙しいほうからＳＯＳが出ると比較的暇な店舗からスタッフが応援に出向いていたのです。

道具の貸し借りもしていました。例えば、ストレートパーマ用のアイロンは１本２万円ほどします。一度に二つ使いますから、２本で４万円。その頃はまだ毎月の売上が１５０万円ほどにとどまっていました。アイロンを店舗ごとに何本もそろえるのは予算的に厳しかったので、「明日午後にストレートパーマの予約が入ったから、うちに２本貸してちょうだいね」などと声を掛け合い、必要とするお店に自転車で届けていたのです。

３店舗目（稔台店）も、４店舗目（馬橋店）も、５店舗目（Grande by Saku）も、すべて５㎞圏内に作りました。

店舗とスタッフが増えてくると、情報共有や意思統一などのためにミーティングの必要性が高まります。お店がご近所同士なら、幹部の店長やチーフがいつでもサッと集まりやすいというメリットがあります。遠くにお店を作ると移動に時間がかかり、ミーティングに毎回参加できないところも出てくるでしょう。それでは情報共有や意思統一などがうまく進まない恐れがあります。ミーティングは今ならオンラインでもできますが、顔を合わせてリアルで行うほうが効果的だと私は思っています。

ほかのサロンオーナーからは、「5店舗もあるなら、定休日をズラしたら、お客さまの取りこぼしがなくなるんじゃないの？」とアドバイスされることもありますが、5店舗はすべて火曜日定休です。週休2日制ですから、1日はスタッフが別々の曜日に取りますが、火曜日だけは全員が休みます。そうすれば、火曜日なら、機会があるごとにみんなで集まりやすくなります。「社員第一主義、顧客第二主義」ですから、お客さまの取りこぼしよりも、社員同士のコミュニケーションが円滑になることを優先したいのです。

## 年に一度の「愛のバーベキュー」で親睦を深める

定休日をズラさずに火曜日に固定しているおかげで、開催できているイベントに「愛のバーベキュー」があります。コロナ禍で中止を余儀なくされた2020年を除くと、開業以来、毎年5月の第一火曜日に続けているイベントです。

初めは私を入れて3人でスタートしたのですが、現在は60～80人が集まる一大イベントになっています。スタッフはもちろん、スタッフの友人や家族、取引があるメーカーさんやディーラーさんの社員たちも集まってくれます。

なぜ単なるバーベキューではなく、「愛のバーベキュー」なのかというと、集めた会費で余った分は、乳がんの早期発見・治療を目指す「日本乳がんピンクリボン運動」に寄付しているからです。

その名に恥じないように、2016年4月の熊本地震の直後には、寄付金を募るために、募金箱を設置しました。何時から何時までと時刻を区切って、カタカナ言葉を禁止。規則を破ってカタカナ言葉を言った人には、募金をお願いしました。10円でも100円でもいいのですが、メーカーさん、ディーラーさんのお歴々にはわざとカタカナ言葉を使い、5000円札、1万円札を募金箱に入れる人もいました。ありがたい話です。

バーベキューは午前11時スタートですが、男性スタッフは朝8時に現地集合。場所取りと会場設営、ビールなどの重たい荷物の搬入、そして火起こしの準備を始めます。10時半には女性スタッフが、妻と一緒に作った数十個のおにぎりを持ってやって来ます。

スタッフはバーベキューを楽しみながらも、〝お客さま〟たちを精一杯もてなします。肉が焼けたら「どうぞ！」と皿にどんどん載せていきますし、手にした缶ビールが空になるのを見計らい、冷え冷えの缶ビールを差し出します。

メーカーさん、ディーラーさんが美容室のイベントに呼ばれたら、十中八九は下働きをさせられるでしょう。ところが、「愛のバーベキュー」ではメーカーさん、ディーラーさんも完全な〝お客さま〟扱いです。スタッフにも、「せっかくのお休みを潰して会費まで払って参加して、挙げ句に下働きをさせられたら、嫌な気分になるでしょ。だから、目一杯楽しんで帰ってもらおうよ」と言ってあります。

通常お店に顔を出すのはメーカーさん、ディーラーさんの担当者だけですが、「愛のバーベキュー」には地域の所長さんや社長さんまでやって来ます。

若いスタッフにとっては、そうした人たちと会話を交わすのはまたとない機会です。例えば、「もうすぐカットの試験に合格します。新しいハサミを買おうと思うんですけど、どこのメーカーのものを選んだらいいでしょうか？」とディーラーの所長さんに相談したら、「今はちょうどキャンペーンをやっているから、ここのハサミがいいんじゃないの」

といったアドバイスが得られることもあるでしょう。

私はというと、バーベキューではスタッフの家族を最大限おもてなしします。女性スタッフの配偶者がいらしたらビールを酌み交わしますし、子どもたちには用意したお菓子袋を配ります。配偶者や子どもたちが心から楽しんでくれて、「今年もまたあのバーベキューに行きたい！」と言ってくれるようになれば、スタッフも胸を張って働きやすくなることでしょう。

## 近くに出していれば、顧客の不満や声が拾いやすくなる

５㎞圏内に集中的に出店するメリットには、顧客の隠れた不満や声が拾いやすくなることも挙げられます。

新規出店する場合、新たなオープニングスタッフの募集は行っていません。既存の店舗からスタッフを集めてオープンするのです。

それまでの担当者が新しいお店へ異動になったとしても、近隣に出店していれば、お客さまは新しい店舗にも通いやすいでしょう。もし遠くに出店してしまったら、それが契機

となって足が遠のくことだって考えられます。

お客さまにとっては、もともと通っていたお店がいちばん近くて便利だったはず。担当者を追いかけて新しい店舗に足を延ばすようになっても、希望した日時に予約が取れなかったときなどには、以前通っていたお店に顔を出すことがあります。

そのタイミングで、「店長さんだから言うけどさぁ、新しいお店ね、シャンプー台のところがちょっと寒いのよ」とか、「あそこの若い子は笑顔がすてきで接客も丁寧なんだけど、シャンプーが少しだけ痛いのよね」とか、「先日行ったらね、しばらくほったらかしにされちゃった」といったお客さまのリクエストや不満の声が耳に入ることもあります。

まだ不慣れな新しいお店ではなんとなく直接言いづらいことでも、顔なじみのスタッフが働いている勝手知ったる以前のお店なら、口が軽くなりやすいのです。

リクエストや不満の声を耳にしたら、互いの店長同士のコミュニケーションが良好な場合、お客さまから直接話を聞いた店長からさっそく指摘が入ります。コミュニケーションが良好ではない場合には（基本的には全員が仲良しですが、相性の善し悪しもあります）、私を介して指摘するようにしています。

お客さまが「ほったらかしにされた」という不満を訴えたら（念のために付記すると、それはなんらかの誤解であり、うちでは絶対にそういうことは起こりません！）、「この次来店されたときに、ひと声掛けてあげてね」と申し送りをします。そうすれば、次回お客さまが見えたときに、「この間は、混んでいてお待たせして申し訳ありませんでした！」とスムーズにフォローできます。

こうしてお客さまのリクエストや不満の声を丁寧に拾い上げて改善を積み重ねているうちに、新しい店は少しずつ良くなっていきます。その意味では、お店はやはりお客さまに育てていただくものなのです。

## 新しい美容室の立ち上げは、開業支援コンサルに丸投げしない

新たに美容室を立ち上げるときには、開業支援コンサルタントに頼むところも多いようです。開業支援コンサルは、資金調達や物件選びに始まり、店舗設計、仕入れ、事業計画、広告販促物の作成などを一手に引き受けてくれます。

私はこれまで開業支援コンサルを使ったことは一度もありません。なぜなら、どんなお

店をどう作るかという開業の醍醐味を他人任せにしたくないからです。新婚さんが新築一戸建てに住むなら、既成の建売住宅よりも、2人の新しい暮らしをイメージしながら自由設計した注文住宅に住みたいと思うでしょう。それと同じです。開業支援コンサルに頼んでしまうと、開業するワクワク感と面白さは半減します。

何もかも自分たちでやると苦労する部分も出てきますが、それは生みの苦しみとして必要だと考えています。あとから思い返すとすべてが良い思い出です。

二十世紀が丘店は師匠のお店を譲り受けたので改装だけで済ませましたが、2店舗目の上本郷店の店舗設計は私が担当しました。

とはいえ、実際に設計図を引くのは、設計と施工を一括して請け負うデザイン事務所のデザイナーですから、私からは「お客さまが心からリラックスできて、キレイになる時間が楽しめる空間にしてください」というコンセプトを伝えただけ。デザイナーからは、「こんなざっくりした指示、初めてですよ！」と驚かれました。

あえてざっくりしたコンセプトだけを伝えたのは、私自身がデザイナーだからです。サロンのお客さまから、「ここはこのくらい短くして。こちら側は触らないでね」などと細かく指示されたら（そういうお客さまはいませんが）、「じゃあ、担当するのは僕じゃなくてもよくないですか」と言いたくなります。お客さまの希望を叶えるのが仕事であり、その道のプロとして「こうすると若く見えて良くないですか？　お手入れも楽ですよ」といった提案をするのがデザイナーの仕事だからです。

店舗設計を担うデザイナーも、あれこれ細かい注文を出されたら、「それって、むしろ使いにくくなるけどなぁ」と内心思うはず。コンセプトのみを伝えて、あとは信頼して任せたほうが気持ち良くプロの仕事ができるでしょうし、私にとっては想像を超える120点の仕上がりが期待できるのです。

上本郷店を作る際は、上がってきた設計図と3Dパースを拝見しながら、「椅子をもう1席増やすと通路が狭くなりますか？」とか、「費用を抑えるために壁の素材を少し安いものに変えたいけど、それだとチープになっちゃいそう？」といった相談をさせてもらい、ブラッシュアップして最終的に仕上げました。

上本郷店に関して少し打ち明け話をすると、じっくり考えている時間的な余裕がなく、ざっくりしたコンセプトで店舗デザイナーに一任しなくてはならない事情もありました。

二十世紀が丘店を出したあと、2005年に新店をオープンさせました。修業時代の同僚であり、卒業してほかのフランチャイズチェーン店に移っていたHという人間を誘い、「高い技術があるのに、くすぶっているなんてもったいないよ。僕は『めぐり逢う方々を決して後悔させない』から、一緒にやってみないか?」と口説き落とし、その新店を任せたのです。

この店舗の設計は、店長となったHが担当。開業費用は、内装や備品などを合わせると相場よりも高く2000万円ほどかかりました。お金は全額私が出し、独立志向が高かったHとは「3年後に作った値段で売却する」という約束を交わしました。開業費用が相場よりも高くなったのは、費用をなるべく抑えたほうがよいと考える私と、3年後には自分のものになるから妥協したくないと思うHの間で考え方も違い、当初の予定の1・5倍になったからです。

その後、私とHの店舗運営の考え方に細かいところですれ違いが起こり、結果的に約束よりも1年前倒しの2年目にお店をHに売却しました。約束どおり2000万円というお金が戻ってきましたが、現金のままにしておくと余分に税金がかかります。そこで急遽新たにお店を作ることになり、できたのが上本郷店だったというわけです。

## 3店舗目からは店舗設計をスタッフに任せるようになった

ほかの美容室ではまず聞かない話ですが、３店舗目の稔台店から、店舗の設計をスタッフたちに任せています。現場で働く人たちが、使いやすいお店を自分たちで作ったほうがいいと考えたからです。

完璧な人間がいないように、完璧なお店は存在しません。どんなに知恵を絞って作ったとしても、スタッフからは「棚の位置が高過ぎるので、台を使わないと手が届かない女性スタッフがいます」といったクレームが入ります。便利なところは褒めてくれないのに、使い勝手が少しでも悪いところは文句を言いたくなるものなのです。彼らに悪気がないのは分かっていますが、スタッフ自身に考えて作ってもらったら、文句も出ないでしょうし、自分たちの手で作ったら愛着もひとしお。無心で働いてくれるでしょう。

そう考えた私は、だいたいの予算をあらかじめ伝えて、「お客さまが心からリラックスできて、キレイになる時間が楽しめる空間」というコンセプトを変えない範囲内で、スタッフたちに自由に作ってもらうことに決めたのです。

稔台店で店作りを任せたのは、新しく店長とチーフになる2人の女性。物件を見つけて、2人に「この場所で、自分たちでお店作りをしてみない？」と提案してみたら、「いいんですか？　ぜひやってみたいです！」と喜んで引き受けてくれました。

彼女たちが考えたコンセプトは、南仏風のお店作り。素焼きのテラコッタ風の建築用素材を多用した女性らしい温かみのある空間の実現を図りました。

特にこだわったのは、トイレとカウンターだそうです。

トイレは女性にとって単に用を足すためのスペースではなく、お化粧を直したり、気分を変えたりする重要な場所。店舗全体の面積に見合わないほど広々とした贅沢なパウダールームになりました。

カウンターを作ったのは、バックヤードと呼ばれるスペース。美容室のバックヤードは、ストックを保管する倉庫であり、スタッフがカラー剤の準備などを行う作業場であり、休憩を取る控え室でもあります。

普通は、舞台裏をお客さまに見せないように壁で覆ってしまいますが、稔台店ではあえてカウンターを設けたことで開放感が生まれました。スタッフは何か作業をしながらでも、お客さまとアイコンタクトが交わせるので、お客さまとの距離も縮まります。

私が「カウンターを作ってしまうと、ストックの収納場所が減るし、控え室だって狭くなっちゃうよ」と指摘したら、彼女たちは「控え室に籠っている時間の余裕がないほど、忙しい店にします。大丈夫です！」と力強く宣言してくれました。

その宣言どおり、稔台店はほどなくして繁盛店となりました。目論見どおり、特に女性のお客さまには大人気のお店です。

## ４店舗目では作文で「７人の賢者」を選定。店作りを任せる

４店舗目を作るときには、少しばかり変わった試みを行いました。

稔台店では店長とチーフの２人が中心となって店作りを行いましたが、その成功を受けて次のお店ではもっと多くのスタッフに店作りに参加してもらいたいと私は考えました。そのほうがより充実した店作りができると思ったのです。

新店の広告宣伝、集客、商品開発などを担うにはある程度の人数が必要になりますが、人数が増え過ぎると、まとまる話もまとまらなくなります。そこでラッキー７の７人で新

しい店作りを担ってもらおうと私は考えました。

まずは新しい店作りに参加を希望するスタッフ全員に、私たちのサロンについての作文を提出してもらい、そこからお店への想いと愛が強く感じられた7人を選び、新店発足に向けたプロジェクトメンバーにしようと考えたのです。この7人を、私は「7人の賢者」と名付けました。

選定基準は作文のうまい・下手ではありません。こんな店長になりたい、そこでチーフをやってみたい、これまでにないお店にしたいといった熱い情熱とアイデアが文章から感じられるスタッフを選びました。

なかには、ホットなサロン愛を語りながらも、「新しい店には行きたくありません」と書いているスタッフもいました。理由はあえて尋ねませんでしたが、今のお店でもっと気張りたいと思ったのか、あるいは同じお店の同期に新店に行ってもらい、違う土俵で切磋琢磨して成長したいと考えたのかもしれません。

選ばれた「7人の賢者」には、物件選びから始めてもらいました。

7人は松戸市内の空き店舗の情報を片っ端から集めて、それぞれのサロンの仕事が終わってから手分けして実地調査をスタートさせました。物件の様子を写真に撮り、周辺環境をリサーチし、みんなで良いと思った物件には全員で足を運び、気に入ったら不動産屋に連絡して美容室がテナントとして入れるか、家賃はどのくらいなのかといった条件の確認を行いました。そうやって「7人の賢者」がピックアップした物件のなかから、私が最終的にOKを出して作ったのが、現在の馬橋店です。

「7人の賢者」が話し合って練り上げた馬橋店のコンセプトは、スタジオジブリの名作『となりのトトロ』の世界観。古木を随所に用いながら、トトロが棲んでいそうな森を感じさせる、落ちつけるナチュラルな空気感を大事にしたいと考えたようです。

想定していた開店資金はトータル1200万円でしたが、「7人の賢者」のこだわりを貫いた結果、デザイン事務所から出てきた見積もりは400万円オーバーの1600万円になりました。

コストダウンすれば400万円分は削れるかもしれませんが、それだとせっかく彼らが知恵を絞ったコンセプトがストレートに伝わりにくくなると思ったので、1600万円の見積もりに私は黙ってOKサインを出しました。

契約の場には「7人の賢者」にも同席してもらい、1600万円の契約書に私が判子を押す瞬間を目撃してもらいました。そうすれば、新しい店が自分たちのものだと感じやすくなり、より良いお店ができると期待したからです。

その期待を上回るみんなの頑張りで馬橋店は2年ほどで黒字化。予算オーバー分の400万円をあっという間に取り返すほどの利益を上げています。

## あえて同じテイストのお店は作らない

このように、私たちのサロンでは店舗ごとにコンセプトもデザインも雰囲気もガラリと変えています。それは、この先店舗がどんなに増えるとしても、守っていこうと考えています。

低価格のヘアカット専門店のように、どこに行っても同じ作りだと系列店として統一感が出るでしょう。規格を共通化した資材をまとめて発注したら、開店コストだって大幅なダウンが期待できます。でも、それだとコンビニやファミレスのような横並びでマニュアル化されたサービスしか受けられないネガティブなイメージがあります。

お店は単なる箱ではなく、スタッフだけのものでもありません。お客さまをどうキレイにして楽しい時間を過ごしてもらうかを、スタッフたちが演じているステージであり、お客さまとともにストーリーを紡いでいく場所なのです。どんなステージでスタッフとお客さまがどのような時間を過ごし、どう共演するかで、そのお店にしかない独自のカラーとカルチャーが生まれます。それは、画一的な作りのお店や、成功したお店の二番煎じからは生まれない私たちのサロンだけの個性です。

新たにオープンしたばかりのお店を訪れたお客さまに、「ここはまたほかとは雰囲気がずいぶん違うのね。なぜこんな古い木を使っているの？」と言われたら、スタッフは「よくぞ、聞いてくれました！」と内心小躍りしながら、「実はですね～」と店舗作りに込めたストーリーを語り始めるでしょう。

その熱い思いを耳にしたお客さまはおそらく、「おたくは、変わったお店ばかり作るのねぇ」と半ば呆れながらも感心してくれるでしょう。それはほかのサロンにはない唯一無二の個性をブランド化する契機となり、ファンを増やしてくれるに違いありません。

## 30年来の顧客の一言で車椅子対応のお店を作った

5店舗目は、これまでの店舗とは毛色が違っています。お店は全体的に余裕をもたせた作りになっており、椅子は3席のみ。一般のお客さまに加えて、車椅子のお客さまでも入りやすいようになっているのです。店名は、英語のおじいさん（グランパ）、おばあさん（グランマ）を意識したものです。

この店舗の店作りを主導したのは、私の妻です。

妻はうちの大黒柱的な存在ですが、これまでの店舗作りでは蚊帳の外におかれる形になっていました。車椅子対応のお店を作るとなると、バリアフリー設計が求められるなど制約が多くなり、店作りの自由度が落ちます。スタッフに一から任せても達成感が下がるので、今回は以前から福祉や介護に興味をもっていた妻が中心となって店を作ってくれたほうがいいと私は考えたのです。

5店舗目を車椅子対応のお店にしたのは、次のような経緯からです。

超高齢化社会の到来とともに、高齢者に理美容やマッサージなどを行うサービスが注目を集めるようになりました。介護美容、または福祉美容といいます。

これまでは結婚式場などの特別な場所を除くと、理美容室以外での理美容サービスの提供は法律で禁じられていました。その法律が改正されて、高齢者の自宅や介護施設などで理美容サービスの提供ができるようになりました。

そうしたバックグラウンドがあり、介護美容に参入する企業も増えてきましたが、私はこちらからお邪魔するというスタイルではなく、あくまでお客さまに美容室に足を運んでもらうスタイルにこだわりたいと考えました。

そう考えるきっかけとなったのは、修業時代から数えて30年来のお客さまであるYさんからある日、「ここに来ると本当に気持ちが軽くなるわ！　でも私、いつまでここに来られるのかしらねぇ」という少し寂しげな言葉を掛けられたことです。

Yさんは私にとってはお姉さんであり、お母さんのような存在。人生の節目ごとにいろいろな相談に乗ってもらっています。Yさんはまだまだお元気ですが、杖をつきながら遠方から電車とバスを乗り継いでいらしてくださるので、足腰の衰えに不安を感じていらっしゃったのでしょう。Yさんはいつも、「私は堀さんのおっかけだから。あなたがどこに行ったって訪ねて行くからね！」と美容師冥利に尽きる言葉を掛けてくれます。だからこそ、Yさんの言葉に、私は心を激しく動かされました。

自宅や介護施設にお邪魔する高齢者向けのサービスを考える前に、Yさんのような不安を抱えている方々に寄り添い、できるだけ普段どおりに近い形でサービスが提供できないものか。そう考えた末に、思い切って車椅子対応のお店を作ろうと決意したのです。

活動量の低下は老化を進めますが、外出すると活動量が増えます。お出掛けするとなると誰しも身だしなみを気にするでしょうし、女性はより丁寧にお化粧をするでしょう。そして美容室で若いスタッフと笑顔で会話を交わして、キレイになっていく体験をすれば、それが刺激となって認知機能の改善にもつながる可能性だってあると私は信じています。ですから、高齢になっても自宅にじっと引きこもらず、たまには外に出てみる動機付けの一つとして美容室に足を運んでもらいたいと思っているのです。

介護の世界では、「レスパイト・ケア」という考え方が注目を集めています。これは、要介護の高齢者などが福祉サービスを利用している間、在宅で介護している側の家族などに休息を取ってもらうもの。レスパイトには、「小休止」といった意味があります。

介護している側は、ハードかつ忙しい毎日を送っており、知らない間に疲れやストレスを溜め込んでいます。ケアする側をケアしてあげないと、疲れやストレスから心身にダメージを負ってしまい、肝心のケアが滞ってしまう恐れもあります。

車椅子でいらっしゃった高齢者をお預かりして、ヘアカットやパーマをひととおり終えるまで2時間ほどかかります。この間、ケアする側は、お茶をしたり、買い物を楽しんだり、自宅に帰って家事を済ませたりと自由に過ごせます。これも、立派な「レスパイト・ケア」だと私は思っています。

こうしたサービスを提供するために、私は介護職員初任者研修という資格を取りました。介護サービスの利用者の身体に触れる「身体介護」をするために必要な資格です。

1カ月に及んだ介護の研修では、利用者の入浴の介助や車椅子への移乗、利用者と車椅子で町へ出掛けての買い物といったまったく初めての体験ばかり。介護の入り口の入り口、イロハのイに過ぎませんが、有意義な体験をさせてもらいました。それと同時に、介護の奥深さ、介護を仕事として選んでいる方々への感謝の気持ち、そして介護を他人任せにしないで社会全体で解決する姿勢の大切さを痛感しました。

介護施設での研修では、不自由な方々ができることを奪わない大切さを学びました。私が安易に手伝ってしまうと、その方の体験を奪う「体験泥棒」になり、不自由の範囲が拡大する恐れもあるのです。その教えは、サロンの現場でも生きています。以来、若手スタッフの体験を奪わないように、これまで以上に「待つ」スタンスを取るようになりました。「待つ」というと受け身に聞こえますが、小さな失敗は甘んじて受け入れつつ、積極的に「待つ」ことで、若手スタッフにできることは着実に増えてきています。

私以外にも、5店舗目のスタッフは全員ハートフル美容師の資格を取得しています。ハートフル美容師とは、高齢者や障害のあるお客さまに、安全・快適・満足の美容サービスを提供するための知識・技術を身につけた美容師です。

今のところ、このお店にいらっしゃるのは、一般のお客さまと、近隣からご家族が車椅子を押していらっしゃる方ですが、より遠方からの来店を希望されるお客さまのために、車椅子のまま乗れる送迎車も用意しています。

このお店を作る際、介護美容のスペシャリストの方との交流もありました。セミナーで偶然出会った方に、失礼を承知で「勉強のために仕事場を見学させてください」と手紙を出したところ、ご快諾いただけたのです。

その方は、「前回カットさせていただいた方が、それっきり次の予約が入らなくなる（つまり亡くなっている）。そういう体験をすると、本当に毎回気が抜けないのです」とおっしゃっていました。「これがその方の人生最後のシャンプー、最後のカットかもしれないと思うと、とても簡易的な設備では行えない」という気持ちから、移動式のシャンプー台＆チェアまで独自開発しています。私のチャレンジはその方の足元にも及びませんが、それでもこの分野に第一歩を踏み出せたのは大きな収穫だと思っています。

## コロナ禍でカフェをオープンした意外な理由

思わぬコロナ禍に翻弄された２０２０年、私たちはカフェ「desa coffee」をオープンさせました。このカフェを作ったのは、美容以外の領域に手を延ばそうという多角化経営の一環ではありません。ほかならぬ社員第一主義の証です。

きっかけは２０１９年10月、稔台店のある女性スタッフから、「ディレクター、相談がありします。お時間ありませんか？」という連絡がLINEで入ったこと。

LINEを見て、私は「あー、とうとう来るものが来たか」と暗い気分になりました。彼女は、北海道出身で5年目。店長やチーフからもかわいがられていましたし、頑張り屋さんでお客さまにもファンが大勢います。

でも、少し前から、手荒れがひどい状態になっていました。

美容師にとって手荒れは職業病のようなもの。シャンプー、カラー剤、パーマ液などを日常的に扱っていると、手袋などでどんなにプロテクトしていても、皮膚へのダメージが蓄積します。それが限界を超えると、アレルギー反応が過剰に働くアナフィラキシーショックのような状況となり、真水でも手が荒れるようになります。

彼女の手荒れが相当ひどいことになっているのは、稔台店の店長、チーフも重々承知でしたから、シャンプーやカラーリングをほかのスタッフに変わってもらうなどの対処を重ねていました。それでも、一度限界を超えた彼女の手荒れは、どうしても改善しなかったのです。

女性にとって、荒れてしまった自分の手を見るだけでつらいもの。プロの美容師としても、やりたい仕事が満足にこなせないのは、忸怩《じくじ》たるものがあるでしょう。そうした葛藤に苦しんだ末に、彼女は美容師を諦める決断をしたのです。

彼女からLINEをもらったとき、私は妻とサロンで使う日用品の買い出しに出掛けていました。私は、スタッフから「相談があります」という一報が入ると、本人さえ良ければ、休日でもどんなに遅い時間帯でも、一刻も早く逢いに行くと決めています。スタッフの悩みやモヤモヤを少しでも早く解決してあげたいからです。このケースでも「時間があるなら、これから話そうか」と提案して、彼女が承諾してくれたので、妻と２人で待ち合わせの場所に向かいました。社長と一対一で対面するのは彼女にとっては気が重いだろうと思ったので、妻に同席を頼んだのです。

案の定、彼女はこれ以上手荒れが我慢できないので、うちを辞める決断をしていました。「どんな具合なの？」と手を見せてもらうと、「こうなるまで、よく我慢してくれたね」とこっちが泣きたくなるような状況でした。

辞めるという彼女を引き止めることはできません。けれど、５年間一緒に働いてきて、手荒れがひどくなったから辞めると言われて、「あ、そう。じゃあ、お疲れさま！」とあっさり送り出すことには強い抵抗がありました。

彼女に、「うちを辞めてどうするの？」と聞いてみると、「まだ北海道には帰りたくありません。カフェめぐりが趣味なので、良さげなカフェを見つけたら、そこで働いてみようと思います」という答えが返ってきました。

その答えを聞いて、私は「あなたの接客なら、アルバイトで入っても、すぐに店長さんになれるよ！　うちでカフェをやっていたら、あなたを雇えるのになぁ」と応じました。するとと、彼女が、「そうですよ。私もここでカフェがやりたかったです」と言ってくれたので、私は咄嗟《とっさ》に「うちがカフェを始めたら、辞めずにそこで働いてくれるの？」と聞き返しました。

それから急遽、カフェの物件探しが始まりました。ところが、運悪くコロナ禍となり、新規でカフェをオープンするために多くの資金を用意するのがリスキーな状況に陥りました。そこで私は一案を講じました。

その頃、私たち夫婦は、二十世紀が丘店の2階で暮らしていました。そこを出て近くのマンションに転居すれば、空いたスペースにカフェがオープンできます。そんな話を妻にしたら、「私も大賛成。彼女のカフェの営業時間が終わったら、私はそこで居酒屋をやりたい！」と応援してくれました。

こうしてコロナ禍の逆風が吹き荒れるなか、カフェが2020年8月にオープンしたのです。

コロナ蔓延で外食産業が低迷しているアウェーな環境下ですから、売上はまったくありません。それでも彼女は、「私にカフェを任せたことを決して後悔させませんからね！」と笑い、なんとか危機を乗り越えようと努力しています。「めぐり逢う方々を決して後悔させない」という私たちのサロンイズムの申し子です。彼女が頑張る姿を目の当たりにするたびに、無理をしてでもカフェを作って良かったと改めて思えるのです。

## 「Saku」店舗の特長

| | |
|---|---|
| 2001年 | 独立。ネオ・ゼロ代表として始動。<br>「Saku　二十世紀が丘店」オープン<br>季節の花に囲まれた住宅街のなかにひっそりたたずむ癒しのサロン |
| 2005年 | 「MAWhair neo-zero」オープン（2007年に売却）<br>唯一都内にあった、動線にこだわり抜いたサロン |
| 2007年 | 「Saku　上本郷店」オープン<br>お洒落のなかに落ちつきをプラスしたスタイリッシュなサロン |
| 2011年 | 「Saku　稔台店」オープン<br>漆喰と木で、南フランスのカフェをイメージした癒しのサロン |
| 2016年 | 「Saku　馬橋店」オープン<br>森の妖精が現れそうな、どこか懐かしさを感じる寛ぎのサロン |
| 2019年 | 「Grande by Saku」オープン（車椅子対応店）<br>明るい店内でゆったりした時間が流れる落ちつきのサロン |
| 2020年 | カフェ「desa coffee」オープン<br>柔らかく差し込む光のなかで自分だけの特別な時間が過ごせるカフェ |
| 2021年 | 20周年を迎える |

# 第5章

# サロン経営者のリーダーシップ論

## 「決して怒らない」が鉄則

美容師の男女比率は、ざっくりいうと男性：女性が１：２。うちでも5店舗総勢約31人のうち、女性は20人で全体の65％となっています。

ところが、サロンオーナーになると男女比は逆転しており、全国的に男性オーナーのほうが多くなっています。女性オーナーは家業を継いでいるケースが多いようです（むろん、サロン経営を手広く行っている女性オーナーも大勢います）。

サロンオーナーが男性だと、女性美容師の離職率が高くなる傾向があります。

美容師は、男性と同じように女性が活躍できる職場です。お客さまには女性のほうが多いですから、男性よりも女性のほうが躍動しやすい職場ともいえるでしょう。であるなら、女性が働きやすい環境と組織を作ったほうが、売上は上がりやすくなります。それは、サロンオーナーという組織のトップに求められる重要なリーダーシップの一つです。

男性オーナーのサロンでは女性スタッフの離職率が高い理由を私なりに考えてみました。それは大きく二つあると思います。第2章で触れたような、ブラック体質のサロンは論外なので、以降はブラックではないサロンの話です。

第一に、男性オーナーは、男性スタッフを大事にする傾向があるからだと思います。

うちの女性スタッフに、ほかのサロンで働いている同期からヒアリングしてもらうと、男性スタッフには「一生モノの仕事として美容に取り組んでいるのだろ？　もっと頑張りなさい」と折に触れて励ましているくせに、女性スタッフには同じような声掛けはほとんど行われないようです。口にこそ出さないものの、「結婚して子どもが生まれたら、どうせ辞めるんでしょ」という態度が見え隠れすることも多いそうです。それでは女性スタッフは居心地が悪くて定着しにくいでしょう。

私は男性も女性も分け隔てなく接していますし、独立だって同じようにサポートする体制を整えています。幸いにも女性スタッフの定着率が高く、結婚して子どもを産んでも復帰して勤めてくれるケースが多く見受けられます。これは、理解のあるご主人にも感謝しています。

女性スタッフの定着率が悪い男性オーナーのサロンでは、オーナーの夫婦関係が良好でないことがほとんどだと感じます。それは女性が定着しにくい第二の理由です。

サロンオーナーの夫婦関係が悪いと、サロンの雰囲気も悪くなります。それに、自分の妻を大事にできないし、幸せにできないような男性オーナーは、女心が分かっておらず、女性スタッフにも愛のない、デリカシーに欠ける言葉を掛け兼ねません。それでは女性スタッフは逃げ出したくもなるでしょう。

また、サロンオーナーは、男女ともに美容師で職場結婚をしているケースが大半。すでに触れたように、私たち夫婦もそうです。

キムタクばりのイケメンでなくても、男性美容師は女性にモテます。職業柄、人当たりはソフトですし、女性の話をしっかり聞くことで心をつかむのが上手だからです。

私は幸いにもほかの男性美容師のようにモテませんし、女性スタッフは「ディレクターは奥さんをいつも大切にしている。私もディレクターみたいな優しい人と結婚したいです」と妻に言っているようです（妻は、「大切にしているように見えているだけなのに、ね」と辛口なコメント付きで教えてくれました）。

私が改めて女性スタッフたちに、「うちの女子が辞めない理由は何だと思う?」と尋ねたところ、「理想とする女性の店長やチーフがいるから」という答えが返ってきました。

店長やチーフは自分自身の未来予想図。幹部として女性がいきいきと働いている姿を見ると自分もあんなふうに輝きたいと憧れるのでしょう。

その意味では、後輩思いの女性の幹部の存在こそが、女性スタッフが辞めない一番の理由なのかもしれません。

## スタッフの親御さんの〝文通〟でコミュニケーションを取る

女性スタッフがうちのお店を辞めないもう一つの理由を挙げるなら、それはおそらく親御さんが安心できるからでしょう。

男女を問わず、私はスタッフの親御さんと〝文通〟しています。昔は手紙を書いていましたし、現在はLINEでつながっている親御さんもいます。

そしてお中元とお歳暮の季節には毎年、私の地元和歌山名産の梅干しを送っています。パッケージを特注した自慢のオリジナル商品で、そこには手書きでメッセージを添えるようにしています。

スタッフの家族をケアするのも、サロンオーナーというリーダーに課せられた役割の一つだと私は思っています。

前述のようにうちには、九州や北海道など地方から多くのスタッフが集まっています。

親御さんは、遠く離れた土地に最愛の子どもたちを送り出しているのですから、「うちの子はちゃんとやっているだろうか」「本当に大丈夫だろうか」と不安な気持ちを抱えているでしょう。〝文通〟の狙いは、そうした親御さんの不安を少しでも和らげることにあります。

そこでは「笑顔で頑張っていますよ」とか「カットの指名のお客さまが増えてきました」といった前向きな近況報告をしています。

時には「私が厳しく指導しているので、もしも泣き言を言ってきたら、お父さん、お母さんのほうから励ましの言葉を掛けてあげてくださいね」といったメッセージを添えることもあります。

子どもを単身松戸に送り出した親御さんには、心配の種は尽きないものでしょう。気掛かりは息子さんに対してよりも、娘さんに対してのほうが強いのではないでしょうか。〝文通〟を介して親御さんの不安な気持ちを少しでも和らげ、応援しやすい環境を整えていることも、女子の定着率が高い理由の一つなのかもしれません。

## 叱るときは叱る。けれど、決して怒らない

私はスタッフを滅多に叱りませんが、叱るときは叱ります。

ただ、決して「怒る」ことはありません。「叱る」のは相手のための指導ですが、「怒る」のは自分の負の感情の発散であり、リーダーがやってはいけないことです。

叱るといっても、パーマの巻き方などのような技術面で叱ることはありません。うちの教育ポリシーは「一に人格、二に技術」ですから、叱るとしたら、それは人間性に関わる部分なのです。

叱るときに、私がよく使う言葉があります。それは「らしくないよ」という言葉です。人格も人間性も一人ひとり違って当たり前。私は自分が理想とするひな形に、合わせてほしいと思っているわけではないのです。それぞれが個性的であり、自らの個性を存分に発揮できる組織が理想です。

私が叱るシチュエーションで最も多いのは、スタッフ自らが望むペルソナ（人格）に即さない行動を取っているときだと思います。「らしさ」こそ、ペルソナです。

先日、あるスタッフを叱ったときには、次のような事情がありました。

うちのサロンでは、スタッフがオープン前の朝礼のリーダーを日替わりで担当します。その日、今日のリーダーが誰なのかが皆一瞬分からなくなったとき、そのスタッフは「昨日、僕がやりました」とだけボソッと言いました。その言葉を受けてチーフが、「あ、じゃ、次は俺か」と慌てて朝礼のリーダーを務めました。

その様子を見ていた私は、あとでそのスタッフに次のように声を掛けました。

「あの場面では、『昨日は僕がやりましたから、次はチーフです。お願いします』と言うべきじゃないのか。その言い方は、あなたらしくないでしょ?」

彼にその余裕がなかった理由は、私には察しがついていました。

彼はオートバイで玉突きの衝突事故を起こしたばかり。それも0対100で彼に責任がある事故でした。幸いにも、相手にも本人にも怪我はありませんでしたが、そのショックが覚めやらなかったため、心の余裕がなくなっていたのです。

彼の理想としているペルソナは、ヒーロー。「子どもの頃から仮面ライダーや戦隊モノが大好き。学校のクラスでもヒーローでした。ここでもヒーローになりたい!」と張り切って、うちに入ってきた子だったのです。

私は、「あなたはヒーローになりたいんだよね。ヒーローだったらどんな逆境のときでも、周りの力になってあげるべきでしょ。むしろ逆境のときこそ、無類の強さを発揮するのがヒーローなんじゃない？」と語り掛けました。すると、彼も「ヒーローが、あれくらいの事故で凹んではダメですね」と分かってくれました。

振り返ってみると、私が叱るのはおもに男性スタッフ。女性スタッフを叱ることはほぼありません。男女差別をしているのではなく、わざわざ叱らなくても、女性は不思議とすでに答えをもっていることが多いように見受けられるからです。

正解を知っているのに、あえて指摘されると、ふて腐れたり、関係性が悪くなったりする恐れがあります。ペルソナとの乖離《かいり》も本人が自覚しているケースが多いように見受けられるので、大きな問題がなければ女性スタッフは遠くで見守るようにしています。これも女性スタッフが辞めない理由の一つなのでしょうか。

## 「できて当たり前」でもあえて褒める

若いスタッフたちは、技術面はもちろん躾の面でも、突っ込みどころ満載。「らしくない」ことで叱るだけ叱っていたら、働くモチベーションがダダ下がりになることも考えられます。

そこで私がリーダーとして普段から意識的にやっているのは、誰から見ても「できて当たり前」のことでもあえて褒めることです。

未熟な若い子ほど褒められるチャンスは少なく、ちょっとでも「できないこと」があるとたちまち叱られてしまいます。

ずっと見張っているわけではありませんから、本当なら褒めるべきポイントを見逃して、できなかったときだけ悪目立ちして叱っている可能性もあります。若いスタッフの立場に立ってみると、「できているときは褒められないのに、たまたまできなかったときだけ叱られる」と落ち込むでしょう。

そこで「できて当たり前」のことでも、私は褒めるようにします。

サロンが定時の朝８時半から営業できるように、８時に来て準備を整えていたら、「30分前から準備しているのは、さすがだね」と褒めます。

お客さまが、雑誌を読み終えて手持ち無沙汰になる前に気づいて交換したら、「お前、あそこでよく気が付いたね。それに『今度はこちらの雑誌はいかがですか？』と声を掛けたのは、とても良かったよ」と褒めます。

いずれも「できて当たり前」ですが、それを褒めていれば「できて当たり前」が増えて、そのレベルも徐々に上がってきます。

他人から褒められるのは、誰でもうれしいものです。それが成功体験になり、「自分もやればできる」という自己肯定感が高まると、何事にも前向きに取り組めるようになってきます。子育てと同じように、社員教育においても褒めることは重要なのです。

褒める効用は、ほかにもあります。ほかのスタッフが褒められているのを見聞きすると、「ああすれば、褒めてもらえるんだ」「あれで評価してもらえるんだ」と分かりますから、進んで自分も同じような行動を取ろうとします。それを触発されたほかのスタッフも同じ発想で動くようになると、雪だるま式に褒められるような行動が増えてくるのです。

褒めることに慣れてくると、どんな些細なことでも褒められるようになります。褒めることは若手スタッフたちとのコミュニケーションツールの一つであり、組織のリーダーに求められる重要な仕事だと私は考えています。

## プロジェクトチーム制でリーダーシップとモチベーションを養う

私たちのサロンを束ねるリーダーは私ですが、スタッフには上が言うことをやるだけの「指示待ち族」になってほしくありません。自分の頭で考えて行動する習慣がないと接客もできませんし、将来独立するうえでもマイナスです。

独立したら自身がリーダーになるわけですから、一人ひとりが常に「自分がリーダーだったらどうするか」という自覚をもって考え、行動してもらいたいと思っています。

そのために、それぞれのスタッフがなんらかのプロジェクトチームに所属する仕組みを整えています。

プロジェクトチームは、ポジションや配属店舗に関わりなく、興味があれば誰でも横断的に参加できるシステムになっています。やってみたいテーマがあったら、自分たちで責任者を決めて参加者を募ります。そこでは店長やチーフだけではなく、若手だってリーダーシップを発揮するチャンスがあるのです。

参考に、おもなプロジェクトチームを紹介します。

リクルーティング担当チームは新人の採用を担当します。出身の美容学校に電話を掛け、「先生、お久しぶりです。今度学校でうちの社長の講習をやらせてください。実現したら、私も鞄持ちで同席できるので、オイシイんです」などともち掛けるのです。

学生の見学予約が入ったら、リクルーティング担当チームのメンバーは「皆さん、名刺の用意をお願いします」と事前連絡を行います。前述したように全スタッフが名刺をもっています。

新商品開発のプロジェクトチームは、メーカーさんなどとタッグを組み、シャンプーなどの改良に取り組んでいます。「もっと泡切れの良いシャンプーが欲しい」といった現場の声を反映して、より良い商品作りに役立てるのです。

技術向上のプロジェクトチームは、教育カリキュラムを常に最新のトレンドに合うようにカスタマイズし、YouTube上などでスタッフ全員が共有できるようにしています。

私から強制しているわけではありませんが、ほぼ全員がなんらかのプロジェクトチームに所属しています。

プロジェクトチームで決めたことは、メンバー全員で共有されています。

採用、商品や技術の開発は、どれもサロンにとって必要不可欠です。それに自分たちがなんらかの形で関わっていれば、仕事に取り組むモチベーションもアップします。自分がタッチしていなくても、仲の良い同期がプロジェクトチームに入っていたら、「あいつのために、ひと肌脱いでやろう」という気持ちにもなるでしょう。

人間は自ら選んで決めたことには前向きかつ自主的になれます。自らがリーダーシップを発揮できたら、なおさらです。いつまでもディレクター、店長、チーフが言うからやるという態度では本気になれないものなのです。

たとえリーダーになれないとしても、チーム一丸となって取り組むテーマが何かあれば、ほかのチームがやっていることも〝わが事〟として応援したくなります。それも私たちのサロンならではの一体感につながっているのです。

## ブランド化とモチベーションアップの試み①社員旅行

スタッフにとっても、そしてお客さまにとっても、私たちの美容室を特別な存在にするために取り組んでいるものに、社員旅行とカレンダー作りがあります。いわばブランド化の一環であり、働くスタッフのモチベーションを高めるための工夫でもあります。両者ともサロンオーナーに課せられた重要な責務だと私は考えています。

私たちが社員旅行を始めたのは、オープン当初からです。

コロナが流行る前の２０１９年は奄美大島に行きましたし、以前はフランス・パリへ出掛けたこともあります。費用の半分は会社もち。自由参加ですが、うれしいことに多くのスタッフが参加してくれます。

気を付けないと、飲み会に誘うのも「それってパワハラです！」と拒絶され兼ねないご時世ですから、社員旅行を取りやめるところも増えているようです。そもそも美容室では、社員旅行をやっているところが少数派です。

それでも社員旅行に行くのは、何よりも私が大好きなスタッフたちと一緒に旅をしたいという素朴過ぎる理由からきています。旅行中はフリータイムで、宴会でお酌を強要したりすることもありませんから、パワハラもセクハラも100％起こらない自信があります。忙しくて旅行に行きたくても行けない若手も多いので、社員旅行を通していろいろな体験をしてほしいという願いも込められています。その気になれば宿泊先のホテルのホスピタリティから学ぶこともあるでしょうし、デザイナーマインドがあれば旅先という非日常での小さな発見に、創造力を刺激される場面も少なからずあるでしょう。

スタッフたちは思い思いに楽しんでくれているようで、「美容学校の同期に、『社員旅行でパリに行った』と伝えたら、かなり羨ましがられました！」と笑顔で報告してくれるスタッフもいます。それが「自分たちはほかとは違う」「大切にされている」という誇りにつながれば、働くモチベーションもアップするのではないでしょうか。

これまでの社員旅行のなかでも忘れられないのが、2015年の熊本県への社員旅行です。それは、独立したスタッフの結婚式への出席を兼ねていました。

上本郷店の店長とチーフを務めていた2人が結婚して、地元熊本で新たにサロンを開くことになりました。その経緯については、すでに触れたとおりです。

二人は地元熊本で結婚式と披露宴を開く運びとなったのですが、チーフだった新婦が「ぜひスタッフにも参加してほしい」と頼んできました。

店長だった新郎は「無理に決まっている。お店を閉めて全員が熊本まで来たら、どれほどの損失になるか、分かっているの？」と新婦を諫めたそうです。新郎は私の右腕で経営にも関わっていましたから、そういう現実的な計算もできるのです。最終的に彼は「僕が言っても彼女は納得してくれないから、ディレクターから『それはできない』ときっぱり断ってください」と泣きついてきました。

なぜ熊本で行われる結婚式と披露宴に、私たちを招きたいのか。新郎にこっそり理由を聞いてみると、「彼女はともに働いてきたスタッフが大好きなんです。どれだけすばらしい仲間たちに恵まれて働いていたかを、地元の友人にも両親にも自慢したいから、スタッフ全員で来てほしいと思っているみたいです」と教えてくれました。

その答えを聞いた私には、もう感激と感動しかありません。二つ返事で「絶対行くよ！」と答えました。そして恐縮する新郎に、「僕らが熊本まで社員旅行に行くわ。そのうちの一日で結婚式と披露宴に参加させてもらうよ。社員旅行にはどこかに出掛けるのだから、うちの損失にはならないからね」と提案しました。

結局この提案が通り、私たち夫婦を筆頭に20人以上のスタッフが社員旅行を兼ねて熊本での結婚式と披露宴に馳せ参じました。新郎新婦は私たち夫婦に大いに感謝してくれて、私にヴァージンロードを新婦の隣で歩かせてくれましたし、妻にはお色直し後に登場する際の付き添いを務めさせてくれました。娘がいない私たち夫婦にとっては、今でも忘れられない体験です。

## ブランド化とモチベーションアップの試み②卓上カレンダー作り

社員旅行に加えて、お店のブランド化とスタッフのモチベーションアップのために取り組んでいるのが、オリジナルの卓上カレンダー作り。この試みを始めて、２０２１年で8年目になりました。

カレンダーを作るきっかけになったのは、２０１１年3月11日の東日本大震災です。未曾有の大震災に直面した直後は私も茫然《ぼうぜん》自失でしたが、しばらくすると「自分たちにできることは何かないか」と真剣に考えるようになりました。

そんなとき、被災地では多くの理美容室が被災して、クシもハサミも津波で流されて困っているというニュースに触れました。

被災しても、髪は伸び続けます。状況が落ちつき、衣食住がある程度満たされてくると、キレイになりたい、身だしなみを整えたいというニーズは高まるでしょう。「ならば、被災した理美容師たちに代わり、僕らがボランティアで出向いてカットをしよう！　それで少しでも前向きな気持ちになってもらおう！」と私は考えました。

サロンオーナーたちとの会合でもボランティアに出向く話は出ました。全員が「いいね。やろう！」と口々に賛成しましたが、日常の業務に追われてゆとりがないのか、それ以上話が具体化することはありませんでした。

それなら、自分たちだけでも東北へ行こうと私は思い立ちました。スタッフだけで回れる被災地は限られているけれど、それが「天地自然の理に適った行動を取る」ことにほかならないと強く思ったからです。

関東圏から東北へボランティア活動に出掛けるバスツアーも多く企画されていましたが、そのほとんどはビジネスパーソンのお休みに合わせた週末出発。

私たちの定休日は火曜ですから、そうした既存のツアーを利用した被災地でのボランティア活動は困難です。そこで私は、54人乗りの大型バスを借りて、定休日の火曜に1泊2日で被災地へ出向くことにしました。

バスの手配を終えた私は、さっそく全スタッフに向けて、「今度の火曜に被災地でヘアカットのボランティアをしようと思う。僕1人では限界があるから、賛同してくれるなら手弁当で参加してほしい」と呼び掛けました。

強制したわけではありませんが、うれしいことにスタッフ全員が「行きたいです！」と手を挙げてくれました。今だから明かせますが、バス1台のチャーター費は2日間で34万円ほど。誰も来なかったら、どうしようと内心ビクビクでしたが、幸いにもほぼ満席となり、1人あたり8000円ほどの負担でまかなえました。バスが向かったのは宮城県の女川町と石巻市。ほんの微力ですが、少しでも被災地のお役に立てる機会が得られたのは、ありがたい体験でした。

うちのサロンには、震災後に入ってきた若いスタッフも大勢います。ミーティングや飲み会などで、先輩たちが震災時のボランティア活動の体験談を披露していると、彼らは「私たちも、困っている人たちのために何かしたいです！」と言ってくれるようになりました。

そこで始まったのが、卓上カレンダー作成です。

カレンダーは月めくりスタイル。男性スタッフが1年かけて旅先や地元などで撮り貯めた傑作写真から厳選して構成するもので、一部５００円です。

年末が近づくと、来店したお客さまに「今年も恒例のカレンダーができました。ご協力よろしくお願いします！」と声を掛けて、カレンダーを買ってもらいます。その実費（一部２００円ほどです）を除き、全額を毎年どこかの団体に寄付しています。２０２１年は、松戸市内の子ども食堂などに寄付しました。

大きな災害が起きたときにボランティア活動に出向くことだけが、社会貢献ではありません。災害がなくても、困っている人たちはすぐ近くにいます。どんな些細な試みでも、困っている人たちのお役に立つことは、立派な社会貢献だと私は思っています。

お客さまにカレンダーの購入を強制しているわけではありませんが、多くのお客さまは「また今年も作ったのね」と笑いながら、買ってくれます。なかには何部も買って友達に配ってくださるお客さまもいらっしゃいます。

誰かの役に立ちたいと思っていても、きっかけがないと初めの一歩が踏み出せないもの。

お客さまにとって、私たちのカレンダーが初めの一歩を踏み出す足掛かりになっているとしたら、それは望外の喜びです。スタッフの大きな充実感にもつながります。ボランティア活動も寄付も、関与している側の心を満たしてくれる活動でもあるのです。

狙っているわけではありませんが、「私が通っている美容室では、こんなカレンダーを作って寄付しているのよ。面白いところでしょ」とお客さまが口コミで広めてくれたら、結果的に美容室の差別化にもつながるでしょう。

第6章

# 経営に必要なことは、すべて子ども時代・修業時代に学んだ

## 小学校3年生から10年間の新聞配達で学んだこと

改めて振り返ってみると、「7つの非常識」をはじめとする私の経営哲学は子ども時代、それに続く修業時代に培われたものです。

本書の最終章では、サロン経営哲学のルーツとなった私の生い立ちと修業時代について語りたいと思います。

私は1963年3月20日、和歌山県の白浜町生まれです。

白浜町は、紀伊半島の南西部にある太平洋に面した小さな町。沖合に黒潮が流れる温暖な気候が自慢であり、観光業、農業、水産業が盛んです。実家は、耳を澄ませば波の音が聞こえてくるような海沿いの一軒家です。

父は地元で愛される床屋の2代目。大阪で修業し、祖父が始めた床屋を引き継ぎました。母は父のお店を手伝っており、4歳年上の兄がいます。次男だったこともあり、両親からはかわいがられて育ちました。

小学校低学年時代のあだ名は、口八丁手八丁をもじった「おしゃべり八丁」。自分では不本意なあだ名でしたが、それくらいおしゃべり好きだったのです。講習会・講演会などで人前で話すのが得意なのは、子どもの頃からおしゃべりが好きだったからでしょう。

おしゃべり好きになった理由の一つは、小学校時代の給食時間にありました。早生まれで同級生たちと比べると体格が小さく、同じ量が食べられなかったため、給食時間は食べる代わりにずっとしゃべり続けていました。午後の授業が始まっても、クラスで私だけは机にまだ給食が残っているような状況だったのです。

私は小学3年生から新聞配達を始めて、高校卒業まで10年間続けました。

発端は、同級生が持っていた筆箱が欲しかったから。それは当時、「象がふんでもこわれない!!」というキャッチコピーで有名なものでした。

母に「友達がもっているから、僕も欲しい」と筆箱をねだったら、「あそこは新聞販売店をやっていて、お友達は新聞配達を手伝っているでしょ。だから筆箱が買ってもらえたのよ」と言われてしまいました。

子どもは単純ですから、私は「そうか。新聞配達をすれば、筆箱が買ってもらえるんだ」と思い込み、今度は父に「新聞配達がやりたい！」と訴えました。

小学3年生が新聞配達をしたいと言いだしても、交通事故などのリスクもありますから、反対する親のほうが多いのではないでしょうか。まして早生まれの私は、小学2年生並みの体格と体力しかなかったのです。

しかし、父はおおらかな性格だったので、「新聞配達をやりたいのか。おー、やれやれ」とOKしてくれたうえに、さっそく知人のツテを頼って新聞配達のアルバイトを見つけてくれました。そして私が乗っていた16インチの子ども用自転車の荷台に、配る新聞を固定できる台をベニヤ板で作ってくれたのです。

読売新聞や朝日新聞のような大新聞なら購読者が多くて大変だったでしょうが、父が見つけてきてくれたのは産経新聞の配達アルバイト。和歌山の田舎町に産経新聞の購読者はそう多くはありませんでしたから、配達先は1日30数軒ほどでした。これなら小学生でも1時間もあれば配り終えることができます。

私は毎朝6時に起きて、新聞配達を始めました。

朝6時というと、冬ならまだ真っ暗ですが、夏場はすっかり明るくなっている時間帯。本当なら5時起きで配らないといけなかったのでしょうが、眠たい盛りの小学生の私には6時に起きるのが精一杯だったのです。

朝刊の配達時刻としては遅めでしたから、なかにはおじさんが毎朝玄関先に仁王立ちになって朝刊の到着を待ちわびているお宅もありました。遠くから仁王立ちの姿が見えると、

「コラ！　遅いじゃないか！」と怒られそうでコワいので、後回しにしておじさんが諦めて家に引っ込んだタイミングで配るようにしていました。それだと配達がなおさら遅くなりますから、やがてうちに「いつも配達が遅いから、産経新聞を取るのを止めちゃうぞ！」というお叱りの電話が入るようになります。

それでも結局、配るのが遅いから止めるという配達先は一軒もありませんでした。

母から聞いた話では、遅延に怒っていたおじさんのお宅も、奥さまが「小さい子どもが早起きして一生懸命配っているのだから、止めるなんて言うものじゃありません」と取りなしてくれたそうです。

その話を聞いた私は、子ども心に「一生懸命やっていれば、認めてくれる人は必ずいるものなんだ」ということを学び、愚直に努力する大切さを肌で感じました。あとで聞くと、母も私に黙ってこっそりそのお宅に謝りに行ってくれたようです。

子どもの頃に毎朝６時に起きる習慣ができたので、大人になってからも朝は目覚まし時計なしで起きられる体質になりました。

## アグネス・チャンのブロマイド販売で商売の楽しさの一端を知る

毎朝の新聞配達のアルバイトは、月1万7000円ほどの収入になりました。子どもにとっては大金です。憧れの筆箱を毎月何個買っても十分お釣りがきます。

最初は友達におやつをごちそうしたり、チューインガムなどちょっと高めのお菓子を大人買いして周囲に配ったりしていましたが、そのうち母が「あなたは無駄遣いをするから」という理由でアルバイト代を預かるようになりました。それでも自由に使えるお金は同級生よりも多かったと思います。

新聞配達を始めて2年目、小学5年生の頃に、香港出身のアグネス・チャンが『ひなげしの花』で日本デビュー。愛くるしいルックスとたどたどしい日本語がなんとも新鮮で、一躍トップアイドルになりました。

私もアグネス・チャンの大ファンとなり、両親に黙ってファンクラブに入会しました。小学生のくせに、入会できるだけのお金をもっていたからです。

ファンクラブに入ると、生写真が買えるという特権がありました。最初は自分用に好きな写真を買っていたのですが、そのうち「友達もきっと欲しいに違いない」と思い立ち、ファンの友達に写真を売ることを考えました。

まずはファンクラブで生写真をひととおり買いそろえてから、それをアルバムに入れて注文カタログのようなものを作ります。このカタログを学校に持参して、お昼休みなどにアグネス・チャンに夢中の友達に見せて注文を取っていたのです。

目論見は大当たり。アグネス・チャンの写真は飛ぶように売れました。ファンクラブに入らないと買えない、お宝モノの写真ばかりだったからです。ちなみに、アグネス・チャンは、1974年にはブロマイドの売上日本一を記録しています。現代でいうなら、乃木坂46やNiziUのような存在だったのです。

今となっては記憶が定かではないのですが、おそらく写真1枚につき5円か10円のマージンを取っていたようです。「10枚売れたら50円、20枚売れたら100円の儲けになるのか」などと計算してワクワクしていました。大げさに言うと、ビジネスの面白さに目を開かれたのです。

アグネス・チャンの一件もあり、同級生からは「堀は面白いことをするヤツだ」と一目置かれるようになり、おしゃべり八丁を卒業して人気者になれました。

私自身、目立つことが大好きだったのでしょう。小学6年の3学期には生徒会長に立候補して見事当選。生徒会長になりました。卒業を控えた3学期の生徒会長がいちばん目立つので、どうしてもやりたかったのです。

## 「ありがとう」と言われる尊さを知る

新聞配達を介して、私はもう一つ大事な経験をしました。「ありがとう」と言われることの尊さに目覚めたのです。

新聞配達では、毎朝新聞を配るだけではなく、集金も担当していました。料金は月極で1800円ほど。集金すると、その2割の360円が私の取り分となります。割の良いアルバイトですが、集金の日に在宅していないところがあると、何度も無駄足を踏むことになります。新聞は在宅でも不在でも配りっ放しで済みますが、集金はそういうわけにはいかないからです。

特に、日中に不在がちなお宅が一軒あり、「あそこはいつもいないからムカつく」と内心思っていました。そのお宅は共働きで奥さまは看護師さんをしており、勤務のシフトが不規則で同じ時間帯に在宅することがなかったようですが、そんな大人の事情は子どもには分かりませんでした。

しばらくすると、奥さまにも不在中に私が何度も集金のために足を運んでいることが分かるようになり、不在のときには封筒にお金を入れて庭の植木鉢の後ろに隠して置いてくれるようになりました。玄関で呼び鈴を押して誰も出ないときは、教わった隠し場所から封筒を取り出して、集金できるようになったのです。

奥さまが在宅していたら、私が呼び鈴を押すと「はーい」と応じる声がして玄関を開けて出迎えてくれます。そして「今月はやっと会えたね。あなたに会えるのを楽しみにしていたのよ」と言いながら、用意してあったお菓子の袋をお土産にくれるようになりました。子どもがいない家庭だったので、余計に私のことをかわいがってくれたのでしょう。私の取り分は集金一軒あたり３６０円ですが、そのお菓子の中身は今から考えると３６０円以上のものでした。

子どもですから、お菓子がもらえるのは単純にうれしかったのですが、それ以上にうれしいことがありました。彼女は、お菓子を渡すときに、「毎朝新聞を届けてくれて、ありがとうね」と言ってお礼をしてくれるのです。看護師さんという人から感謝される立場の仕事をしていながらも、彼女自身が感謝の心を忘れないすてきな方だったのです。

新聞の購読者はお金を払ってくれるお客さまなのですから、本来なら「ありがとう」と言って頭を下げるべきなのは私のほうです。それでも「ありがとう」と言ってもらえると、心が温かくなり、満たされた気持ちになりました。

サロンでも、お客さまに「ありがとうございます」と言うべきなのは、お金を頂戴している私たちのほうです。それでも、お客さまからも「ありがとう」と感謝されるような接客、サービスを心掛けなければならないと私は思っています。その原点の一つは、この心優しい看護師さんの「ありがとう」にありました。

## 高校生で円形脱毛症になり、髪の毛の大切さを噛み締める

小学校時代は人気者で通っていたのですが、中学校では一転してパッとしない毎日を送っていました。アグネス・チャンのブームはとうの昔に去っていましたし、中学に行くと勉

強もできてスポーツもできる人間がヒーロー。私は学校の成績はいまいちでしたし、運動神経も良くなかったのです。一応陸上部に入りましたが、部活に励むでもなく、中学時代はあまりに退屈過ぎる毎日の連続で記憶がほとんどないくらいです。

高校1年生になってからは心機一転。気持ちが吹っ切れて、「人気者になりたい！」というスイッチが再び入りました。

この頃は、ガリ勉くんでもスポーツマンでもなく、音楽をやっている人間がモテる時代でした。人気者になりたいと企てて、私は新聞配達で稼いだお金でギターを買って弾くようになり、友達と3人でバンドを結成。オリジナル曲のデモテープを作り、地元のＮＨＫラジオの『リクエストアワー』という番組宛に郵送しました。

デモテープといっても、録音スタジオを借りて録るという発想はまるでなかったので（発想があったとしても、地元に録音スタジオは存在していませんでした）、多少はエコーが効くだろうとガード下に集まってラジカセで録音したものです。あとで聞き返すと、カエルの鳴き声が入っていました。

ところが、どこを気に入ってもらえたのか、幸運にもＮＨＫから「今度ラジオの公開生放送があるので、スタジオで演奏しませんか？」というお誘いが舞い込みます。収録は平日でしたから、私たちは高校の授業を終えてから駆けつける運びとなりました。

紅白歌合戦でも何でも、音楽番組は新人から始まり、トリはベテランか大物が務めるのが不文律です。その公開放送でも、トリはプロ級のバンドが飾るのが常でした。けれど、私たちが授業を終えてスタジオに駆けつけると、公開放送はすでに最終盤に差し掛かっていました。このため、ド素人の私たちが番組のトリを飾ることになってしまったのです。ほとんど放送事故です。


音楽をよく知らない友人からは、「お前たち、NHKに出たらしいね!」と声を掛けられましたが、音楽が多少なりとも分かっている友人からは、「あの程度でよくトリが飾れたね」と冷やかされてしまいました。


こうして輝かしい高校生活のスタートを切ったつもりだったのですが、思わぬ落とし穴が待ち受けていました。

高校1年の春休みに入る少し前から、私は突如として円形脱毛症になったのです。

円形脱毛症は俗に「十円ハゲ」と呼ばれるように、コインくらいの大きさの脱毛が同時多発的に起こるもの。

ストレスや免疫の異常が原因とされていますが、今でもその実態はよく分かっていません。現在ではホルモン注射を打つと改善することが知られるようになってきましたが、その頃は有効な治療法はなかったのです。

しかも私の場合、コイン大の脱毛部分がどんどん広がり、ほとんどつるっ禿《ぱげ》のような頭になってしまったのです。おしゃれを気にして、異性を意識する思春期の真っ只中ですから、私は大きなショックを受けました。

春休みが終わって新学期が始まっても、つるっ禿の頭で学校なんか行きたくありません。もともと成績だって良くなかったので、「手足がもげたらみんな同情してくれるかもしれないが、髪の毛がないのは笑い者になるだけ。もう学校なんか、退学してしまいたい！」と思いました。私の苦しむ姿を見て心を痛めていた両親も、「息子が退学したいなら、それも仕方ない」と考えていたようでした。

暗過ぎる状況を変えてくれたのは、担任の先生です。何度も自宅まで足を運び、「どんなことをしても高校は出ないとダメ。ご両親も、不憫《ふびん》に思って息子さんの言うことを黙って聞いてはいけませんよ」と釘を刺してくれました。

先生の懸命の説得で私も両親も高校退学を思いとどまり、普段どおりに通学するための準備を始めました。春休みを利用して、母の従兄弟が経営していた大阪の大きな美容室まで出掛けてカツラを作ってもらったのです。

新学期が始まってからは、そのカツラを被って学校に通い始めました。

今ではカツラも精巧な作りになりましたが、40年以上前のカツラは誰が見ても一瞬でそれと分かるもの。それでもからかう同級生がいなかったのは、みんなが察して腫れ物に触るように接していた証拠でしょう。

美容室で作ったカツラは女性用。髪が薄くなった女性の頭に乗せるものです。つるっ禿になった私はそれを直に被っていましたから、地肌をカツラが刺激してチクチクしますし、痒くてたまりませんでした。

学校から一目散に帰ると、「大丈夫だった?」と心配する母の目の前でカツラを脱ぎ、「なにが大丈夫だよ!」と言いながら土間に投げ捨てていました。円形脱毛症になったのは、誰のせいでもありません。怒りの矛先をどこに向けていいのか分からないまま、身近で心配してくれている母に怒りをぶつけるほかなかったのです。母は泣きながら、投げ捨てられたカツラを拾ってくれました。カツラがないと明日学校に行けないと分かっているのに、自暴自棄になっていた私は自分から拾いに行こうとはしませんでした。

母からの無償の愛はいろんな場面で感じてはいましたが、この時のことは鮮明に覚えています。今思い出しても、本当に申し訳ないと思うばかりでその恩返しは未だにできていません。

円形脱毛症はある日何の前触れもなく始まりましたが、同じように何の前触れもなく終わりを迎えました。夏休みが終わる頃には少しずつ髪の毛が生えるようになり、高校2年の終わりにはカツラを外して通えるようになったのです。

初めのうちはまだ産毛が生えている程度でしたから、父がゆるくパーマをかけて整えてくれました。その頭で春休み明けに登校したら、何も事情を知らないある先生から「お前はそのくらいの短髪が似合っているよ。前の髪型は長過ぎてカツラみたいだったからな！」と言われてヒヤヒヤしました。

円形脱毛症を経験したことで、私は改めて髪の毛の重要性を感じました。生えているのが当たり前だと思っていると何も感じませんが、なくなってしまうと何もかも嫌になってしまうほど大事なもの。それが髪の毛。「髪は女の命」という言葉がありますが、髪の毛の重要性は女性でも男性でも変わりません。その大切なものを扱う美容師という仕事を意識するようになったのです。

## 父のアドバイスと伯母さんの影響で美容師を志す

私が初めて美容師を志したのは、中学1年生の頃。両親の仕事ぶりを小さい頃から間近で見ていたからです。

父親は多趣味。木で観音様を彫ったり、自分の船で釣りに行ったり、素潜りも玄人はだしでアワビや伊勢エビだって捕ってきます。猟銃免許をもち、狩猟が解禁されるとイノシシや鹿を仕留め、解体した新鮮な肉を食卓で振る舞ってくれました。今でいうジビエです。父は、小さい頃から憧れの存在でした。自分の先輩も友人も父に髪を切ってもらっていたことを私は誇らしく感じたものです。それが美容師を志すきっかけです。

初めは床屋と美容室の違いも分からなかったのですが、父親のような理容師ではなく、美容師になろうと思ったのは、父の従姉妹である麗子伯母さんの影響です。

麗子伯母さんは、お隣のすさみ町内で美容室を経営しています。86歳になる今でもバリバリの現役。余談ですが、すさみ町には、岸から100m、水深10mの海底に「海底ポスト」があり、「世界一深いところにあるポスト」としてギネス世界記録に認定されています。
麗子伯母さんは独得のカリスマ性があり、コミュニティのリーダー的存在。町長が、昨年の成人式でダブルのスーツを着て挨拶するのを見て、「町のトップがダブルのスーツのような略式な格好で成人式に挑むとは何事ぞ！　今年の成人式は日本男子として紋付羽織袴で出るように！とお店に呼びつけて、うちの貸衣装でいちばんいいやつを着せてやったわよ」と豪快に笑い飛ばすような傑物です。

伯母を見ていて、生来目立ちたがり屋の私は「美容師になれば、誰でもあんなにキラキラした存在になれるんだ！」と勘違いして、美容師を志したのです。

父も、「これからは男性よりも女性、床屋よりもパーマ屋の時代。美容師になったほうがいいぞ」とアドバイスしてくれました。

高校に入学した頃から、私は通信教育で美容師の勉強を始めました。高校を卒業するタイミングで美容の通信教育課程も卒業し、実家を出て美容室で修業するというビジョンを頭に思い描いていたのです。それからほどなくして円形脱毛症が始まりました。

円形脱毛症になって「高校なんか辞めてやる」と言いだしたのは、美容師になるなら高校は出なくてもいいと思っていたからです。私の高校時代にブームとなっていたテレビドラマ『3年B組金八先生』第1シリーズでも、三原順子さん（現・三原じゅん子さん）が演じていたツッパリの山田麗子は「私は美容師になるから、高校には行かない」という印象的なセリフを吐いています。

余談ですが、三原さんは現実社会でも高校中退。中卒で国会議員になっています。実力さえあれば学歴は関係ないのは、美容師も国会議員も同じなのかもしれません。

## どんなつらいときでも、目標があれば前を向けると教えられる

美容師になってからは、円形脱毛症のお客さまをごくたまに見かけますが、私自身が体験者ですから、慌てずに接することができます。

「あ、ここに円形脱毛症ができていますね。ご存知でしたか？　でも、いずれ治るから心配しなくて大丈夫ですよ。僕なんて高校時代に円形脱毛症でつるっ禿になった経験があるんですから……」と話をすると、お客さまは不安がらずに安心してくれます。

円形脱毛症になって良かったと思うことがもう一つあります。どんなにつらいときでも、何か目標があれば、前を向けると教えられたことです。

円形脱毛症になってからは、友達付き合いも最小限にとどめ、学校の授業が終わると一目散に帰宅するようになりました。

うつうつと落ち込むばかりで勉強にも身が入りません。見兼ねた父は、「暇にしているなら、庭に小屋でも建ててみるか」と提案してくれました。田舎ですから、実家には10坪ほどの庭があり、野菜などを作っていました。そこを潰してセルフビルドで小屋を建てないかと言ってくれたのです。

何もしないと不安や行き場のない怒りが湧いてくるだけですから、確かに何かしら身体を動かしていたほうが、無心になれて気が紛れるかもしれません。私は父の言葉に甘えて、小屋を建てる作業を始めました。

小屋を作るといっても、大仰なものではありません。コンクリートブロックを積み上げ、正方形の箱を作っただけ。職人さんにスレートで屋根を葺いてもらい、10畳ほどのプライベートスペースを完成させました。

帰宅するたびに母にカツラを投げつける荒んだ生活を送っている間も、庭に出てブロックを積んでいる間だけは集中できました。小屋を作るという明確な目標ができたことで、そのゴールに向かって努力を続けている間は前を向けていたのです。

私は、「青コーナー経営者」を自称しています。格闘技のリングでは、赤コーナーがチャンピオンかランキング上位者で、青コーナーが挑戦者かランキング下位者という決まりがあります。「青コーナー経営者」とは、逆境に立ち向かうチャレンジ精神を失わない経営者という意味なのです。

ビジネスは常に順風満帆ではありませんが、目標を定めて前を向く勇気だけは心に秘めていたいと私は思っています。「日本の美容業界を変える」という目標の達成にも多くの障害が横たわっていますが、焦らずにハードルを一つひとつ越えていけばいいと考えているのです。そのバックグラウンドにあるのは、高校時代に円形脱毛症に悩んでいる間、目標をもつことで前向きになれた自らの体験なのです。

## ホテルのバーでのアルバイトで、人を思い遣る重要性を教えられる

円形脱毛症もすっかり治って元気になり、美容学校の通信教育も佳境を迎えていた高校3年生のとき、私は地元のホテルのバーでアルバイトを始めました。

友人の１人から、工務店の仕事を手伝うアルバイトを紹介されたことがきっかけです。その仕事は、地元で有名なホテル川久のバーの改装工事でした。

工務店のアルバイトでは、壊したものを運び出したり、新たな資材を運び入れたりする肉体労働をしていました。工事がほぼほぼ終わった段階で、バーの女性オーナーが様子を見にやって来ました。そこで女性オーナーが、「君たちは高校生なの？　バーができたら、ボーイさんのアルバイトをしない？」と誘ってきました。

時給を聞いてみるとかなり良かったので、全員一致で「やります！」と引き受けました。改装工事が終わってバーができてからは、学校が終わって夜7時から11時まで黒服を着てアルバイトを始めることになりました。

ボーイの仕事は、お客さまのオーダーを取り、注文どおりの飲み物とつまみを運び、使用済みのグラスとお皿を下げること。これなら高校生でもできます。問題なく仕事をこなしているつもりでいたら、ある夜様子を見に来ていた女性オーナーから、私はこっぴどく叱られました。

それまでお皿を下げるとき、食べ残しやマヨネーズなどの調味料が残っていても、お構いなしに重ねてトレーに載せていました。それを洗い場で待機しているおばさんたちに、「これ、お願いします！」と渡すのが仕事の流れです。

ところが、女性オーナーは、「あなたたちよりも年上の人が洗い物を担当しているのに、汚れた食器を重ねてそのまま渡すとは何事なの？　食器を重ねると汚れが広がり、洗い物を担当する人の仕事が増えることくらい、分かるでしょ！」と言うのです。さらには、「相手の立場になって物事が考えられないような人間が、この先の人生をうまく渡っていけるわけがないわ！」ときつい言葉を投げ掛けました。

彼女は私たちのことを思ってあえて苦言を呈したのでしょうが、こちらは未熟な高校生ですから、彼女が何を言いたいのか、親でも親戚でもないおばさんになぜ叱られるのかは、まったくピンときませんでした。

ボーイはただグラスとお皿を下げるのが仕事。人生経験が浅い青二才の高校生ですから、仕事を言われたとおり、マニュアルどおりにこなせているのだから、怒られる筋合いはないとタカを括っていたのです。

しかし高校を卒業して社会に出て、美容室で働くようになってから、この女性オーナーの言葉を折に触れて思い出すようになります。自分の仕事だけをこなしているようでは、所詮半人前。周りを観察して、相手の立場に立って仕事ができるようになって、ようやく一人前だと身に染みたのです。

今でこそ「天地自然の理に適った行動を取りなさい」とか「うちが重視しているのは技術ではなく躾。その部分を厳しく鍛えるからね」などとエラそうに語っていますが、高校時代の私は人がどうあるべきなのかという問いを立てたことすらありませんでしたし、基本的な躾すらなっていませんでした。

美容学校を出たばかりの新人の言動を目の当たりにすると、まるで高校時代の自分を見ているかのようです。だからこそ、あのときの女性オーナーのような気持ちになり、人生の先輩として親身にアドバイスするようにしています。

## 高校卒業後、伯母さんの紹介で東京での修業をスタート

今は美容師を志す若者の多くは、高校卒業後、美容学校へ通います。美容学校は、正式には厚生労働省指定の美容師養成施設。中間（昼間）・夜間課程の通常課程は2年以上、通信課程の通常課程は3年以上修業すると、美容師国家試験の受験資格が得られます。試験に無事パスして免許を申請して、美容師名簿に登録されると、美容師を名乗ってお客さまに触れるようになるのです。

前述のように私が学生の頃は、高校に通いながら美容学校の通信教育を受けることができ、高校を卒業するまでに通信教育を修了することができました。そして、美容学校卒業後1年のインターン期間を経て国家試験の受験資格を得ることができました。

美容学校に通う若者は、学校にやって来る求人票からサロンを選んで就職しますが、私は美容学校に通っていなかったので求人票すら目にできません。果たしてどこに就職したらいいのか、候補すら頭に浮かばないような状況でした。

救いの手を差し伸べてくれたのは、くだんの麗子伯母さんです。「あなた、どうするの？　大阪に出るの？　東京に行くの？　決まってないなら、私が紹介してあげるわ」とたちまち話を進めてくれたのです。

紹介してくれたのが、私の師匠である奥地博之進。セットヘアの天才で、浅丘ルリ子さんをはじめとする昭和の大女優の髪をセットしてきた大物です。師匠は三重県出身。伯母さんの友人が三重県で美容室を営んでおり、師匠とつながりがあったのです。

麗子伯母さんは、「私が奥地さんの会社に電話しておいてあげるから、あなたは奥地さんのところに行きなさい」と話を勝手にまとめてしまいました。右も左も分からない私は従うしかありませんでしたし、両親も「あの伯母さんの紹介なら、間違いないだろう」と安心している様子でした。

私は高校卒業寸前の3月上旬に一度上京してお店の様子を見て、住む場所の目星を付けてから和歌山に帰り、高校卒業後に再び上京。そのまま働き始めました。面接らしい面接もなく、給与などの条件面の説明を受けた記憶もありません。私の同期は全部で8人でした。

その頃、師匠は東京都と千葉県で美容室を3店舗経営していました。私が配属されたのは、東京都葛飾区新小岩にあるお店でした。そこから歩いて5分の場所に、四畳半一間の下宿を借りて住みました。

トイレは共同。風呂なしなので、近くの銭湯が頼りでした。小さなキッチンが付いていましたが、忙しくて料理をする時間的な余裕はありません。たまに炊飯器を畳に置いてご飯を炊くくらい。おかずはほとんど冷凍食品でした。

## 営業前のコソ練で腕を磨き、営業後の居酒屋トークに救われる

ずっと美容師になりたいと思っていましたが、私にはその先に明快なビジョンがあったわけではありません。

ただ、なんとなく思っていたのは、東京で3年くらい修業したら和歌山に帰り、父親の床屋を美容室に改装して両親に楽をさせたいということくらいです。

送り出す父からは、「修業中は何もできない人間に給料をくれたうえに教えてくれるのだから、ありがたいもの。だが、いつまでも丁稚奉公ではいけない。お礼奉公の期間が終わったら、早く親方になりなさい」と言われたことを覚えています。

それ以上父は何も言いませんでしたが、自分がそうだったように、息子と二人で店をや

ることを楽しみにしていたのかもしれません。のちに私が帰省したときに母親にパーマをかけてあげると、その様子を見ていた父親は「そうやってかけるのか」と興味津々でした。親方になって３年で和歌山へ戻るには、腕前を上げることが先決です。そう思った私は、オープン前のお店でコソ練を開始しました。今風にいうなら、朝活です。

サロンは朝10時オープン。スタッフは30分前の９時半集合ですが、店長だけは一足早く９時くらいに出勤して店舗の鍵を開けて準備を開始します。

私は毎朝店長よりも先にお店に着いて、店舗の側の階段に寂しそうにポツンと座り、手持ち無沙汰な雰囲気を演出しました。

店長が「まだ早いのに、堀くん、どうしたの？」と声を掛けてくれると、「いや、ちょっと早く着いちゃったものですから」と笑顔で答えました。

これを１カ月も繰り返していると、店長が「堀くんはいつも早いから、鍵を預けるね。なくさないように管理してください。社長には内緒だよ」と言ってくれました。店内には金庫もありますから、新人に鍵を預けるのは反則ですが、１カ月もすると私を信頼してくれるようになったのでしょう。私の作戦勝ちです。

長年の新聞配達で培ったので、朝起きは大の得意。鍵を預かってから、私は早いときには6時半には出社。1人で毎日2時間以上、パーマを巻く練習、カラーを塗る練習などを繰り返しました。

早朝からコソ練するというと、大変そうに聞こえますが、私にとってはなんとも贅沢な時間でした。冷暖房がない狭い下宿よりも、空調が効いたサロンのほうが何倍も快適。BGMを流しながら、お店の冷蔵庫にこっそり入れておいた朝食用のパンを取り出してトースターでこんがり焼き、淹れ立てのコーヒーを飲み、ゆったりした気分で朝食を済ませます。それからおもむろに練習をスタートさせていたのです。

この朝活は私の実力を確実に引き上げてくれました。指名が思ったように入らないと悩んでいる若手に、「休日に勉強しろよ」と諭すのは、修業時代の自身の地道な体験が心に残っているからなのです。

必死にコソ練しても、新人は1年目ではハサミを持たせてもらえません。

仕事といえば、床掃き、シャンプー、タオルの洗濯の繰り返し。先輩がカットすると、床にお客さまの髪の毛が散らばります。それを集めてキレイにするのが、床掃き。それからお客さまのシャンプーをして、タオルドライで使用済みのタオルを洗濯して乾かす……。

このルーティンをひたすらリピートするのです。

店舗の営業は夜7時まで。片づけが終わると、時計の針は8時を回っています。そこから、先輩を交えた練習が始まります。新人はここで初めてハサミが持てます。私がコソ練で予習していたパーマの巻き方、カラーの塗り方なども交えて練習します。

練習が11時くらいに終わると、新人はダッシュでそれぞれの下宿へ帰ります。薄給の新人たちはみんな風呂なしの家賃が安い部屋に住んでいますから、近所の銭湯が閉まる前に駆け込み、汗を流すのです。

新人の一日はそれで終わりではありません。先輩から、「俺たちは例の居酒屋で飲んでいるから、風呂から上がったら来いよ」というお誘いを受けているのです。無視する同期もいましたが、私はこの時間が楽しみでした。働き詰めだった一日の疲れを癒してくれるのは、銭湯よりも居酒屋での先輩たちとのトークだったからです。

店長に頭ごなしに怒られて悶々としていると、先輩は、「今日あそこで店長から怒られただろ。あれは、お前のポジション取りが悪かったからだ」などと解説してくれたり、「俺の新人時代よりも、お前はちゃんとできている。だからクヨクヨするな」などと励ましてくれたりするのです。

この時間がなかったら、店長に怒られっ放しでネガティブな感情を抱えたまま、次の日も働くことになります。それではいい仕事ができるわけがありません。貴重な時間を使って後輩を励ましてくれる先輩には、感謝と尊敬の念が芽生えました。

今の新人なら、「仕事が終わったあとに呼び出すなんてパワハラです！」と抗議しそうですが、私たちのサロンが先輩と後輩のコミュニケーションに重きをおくのは、私の修業時代の体験が原点となっています。終業後に夜な夜な飲み会を開いているわけではありませんが、先輩と後輩の濃密な絆は、私たちの強みになっているのです。

★　★　★

働き始めて、ほどなくすると、3年で修業を終えて和歌山に帰るというプランが現実的でないと悟るようになりました。美容師という仕事の楽しさ、オーナーというゴールよりももっとグローバルな仕事だと感じました。実際師匠はテレビや雑誌の仕事をしていたので、そのようなことをしたくなりました。

あるとき父は、「独立したくなったら、いつでも帰って来ていいぞ。美容室に改装して

１人でやり直すくらいの貯金はあるからな」と言ってくれましたが、私は「オヤジ、何を言っているんだよ。銀行マンで独立して１人で銀行を始める人なんていないんだから！今は組織で戦う時代だよ」と屁理屈を言っていました。

同じように美容師も、家業を継いで一人親方として頑張るのではなく、独立して組織で何ができるかを考えるべきだと私は思うようになっていたのです。

そして美容室で忙しく働いているうちに、日本の美容界に対する疑問が湧き上がり、悪しき状況を変えたいという夢をもつようになります。その頃にはもう、実家に戻って父の願いを叶えるという選択肢は、私には残されていませんでした。

## 亡き父のＤＮＡを原点に、日本の美容業界を変える活動を続ける

父を否定し、一緒に美容室をやるという父の願いを叶えることはできませんでしたが、私には父から受け継いだＤＮＡが脈々と受け継がれていると感じています。

仕事一筋の父が他界したのは、１９９９年でした。大病を患い、大きな手術を経て、最後は病魔に打ち勝つことができませんでした。

手術の日は秋だというのに上着がいらないほど暖かい日でした。父の人柄が偲ばれるように、多くの人がお見舞いに駆けつけてくれました。1時間後に手術を控えた父は、これから戦いに行くヒーローのように、見舞い客と明るく語らって大声で笑っていました。

いよいよ病室を出て手術室に向かうとき、父は私を「ともゆき、ちょっとええか」と手招きしました。そして、周りに気づかれないように、私にこう耳打ちしました。

「お父さんには偉いお医者さんが付いとるから大丈夫や。おまえは店に行ってお母さんにパーマあてたってくれんか。お父さんはもうお母さんにパーマあてたれんかもしれん。もしものときに、お母さんがあの髪でお葬式に出なあかんのはかわいそうや。キレイにしてやってくれ」

その手術をなんとか乗り越えた父も、いよいよ最期の日を迎えました。

病室の父には、私が憧れ続けた父の面影はありませんでした。手は小刻みに震え続け、モルヒネが効いて夢でも見ているのか、ベッドで大好きな釣りの仕草をしていました。

それでも私に気づくと、薄れかけた意識のなかで「おまえには、お父さんが大事にしていた剃刀をやるから、大事にせえよ」と残った力を絞り出すような声で言いました。

「そんなもんいらん。もっとええもん、お父さんにはもらっとる。第一、美容師は剃刀を使わん」

私は涙声でそう言うのが精一杯で、父の右手を両手で力一杯包んで握手しました。

あとで聞いた話ですが、兄が父と最後に交わした言葉は「おまえ、喪主できるか？　ちゃんとせな、親戚にカッコ悪いさかいな」だったそうです。今思えば、どんなときでもカッコつける、そしてカッコいい父らしい言葉です。

私が父に最後に伝えた「もっとええもん」とは、自らは二の次、三の次で家族を思い、周りを幸せにしようとする生き方です。それが「日本の美容業界を変えたい」という私の決意の原点になっています。

「父にとって理容という仕事はどんなものだったのだろう？」

「サロンを経営するというのはどんなことだったのだろう？」

「接客で大切にしていたことは何だったのだろう？」

「夢は何だったのだろう？　それはどこまで叶ったのだろう？」

美容師として、経営者として、そして何より息子として、父に聞いておきたかったことは泉のように湧いてきます。今となっては、何一つ答えは返ってきません。でも、父の生き方が、私の人生の指針であることに変わりはありません。

# おわりに

## ～美容師、美容室をよりエッセンシャルな存在にするために～

コンビニの4倍に上る全国およそ25万軒の美容室に対して、美容師の数は53万人ほど。平均すると1軒あたり、美容師が2人いる計算になります。

私たちのサロンでは5店舗にそれぞれ6～8人の美容師がいます。都市部では同じように1店舗に2人以上の美容師が働いているケースが大半です。

それにもかかわらず、全国平均では美容室1軒あたり美容師が2人しかいないのはなぜか。その理由はおそらく、地方を中心に1人で切り盛りしているオーナー美容師が多いからだと思います。地方のオーナー美容師の大半は、そろそろ65歳以上の高齢者になろうとしているのではないでしょうか。かくいう私も、あと2年で還暦を迎えます。

美容師は年を重ねても続けられるすてきな仕事です。

新型コロナウイルスの影響で1年延期された東京五輪の聖火ランナーを務めた、104歳の箱石シツイさんは、現役の理容師として働いています。

私が美容師になるときに背中を押してくれた麗子伯母さんも、今年86歳。今でも毎日サロンに立ち、元気溌剌で常連さんの相手をしています。

会社員と比べると現役でいられる期間は圧倒的に長いとはいえ、寄る年波に勝てる人は誰もいません。いつかはハサミを置くときがくるでしょう。

5年後、10年後、15年後になり、地方のオーナー美容師が次から次へと引退すると、その先では何が起こるのでしょうか。

人口が減り、若者が町を出て、シャッター商店街が増えて地方から活力が失われている現状を踏まえると、引退するオーナー美容師に後継者がいるケースは少数派でしょう。すると結果的に、町や村から美容室がどんどん消えることも考えられます。活力がなくなってしまった地方の町や村にビジネスチャンスを見いだし、新たに美容室を作ろうとする人は現れないと私は思います。

町や村から美容室が消えてしまうのは、単に伸びた髪を切ってくれるところがなくなる、パーマやカラーをしてくれる場所がなくなるという以上のインパクトがあります。地方では美容室はコミュニティのハブ（中核）の一つとなっています。麗子伯母さんのお店も、その典型。その得難いハブが失われることを意味しているからです。

美容室には、そのコミュニティで暮らす方々のさまざまな情報が蓄積しています。

私たちは初めてのお客さまには「書けるところまでで結構ですよ」と声を掛けてカルテに記入してもらいますが、皆さんは病院のカルテに記入するように何の抵抗もなく住所や電話などの連絡先、年齢などを書いてくださいます。

さらに、サロンワークのたびに2時間くらい話に花が咲きます。その間には、家族の話や自らの健康状態などがたびたび話題に上ります。「最近同居しているおばあちゃんがボケてきたみたいなの」とか「昨年がんの手術で入院してから、足腰が急に弱った」とか「東京にお嫁さんに行っていた次女が、離婚して小さな子どもを連れて実家に戻って来た」といった情報が入ってくるようになるのです。

町や村の家族経営の美容室では、居合わせた常連さん同士で盛り上がり、会話が弾むことも少なくありません。そうした美容室は文字どおり、「あそこに行けば誰か知り合いに会える」「楽しくおしゃべりができる」というコミュニティのサロン（社交場）なのです。

ひと昔前の八百屋さんやたばこ屋さん、今ならコンビニなども、コミュニティのハブの一つでしょう。しかし、長く濃密な時間を過ごす美容室では、それらと比べ物にならないくらいの情報が集まり、絆が深まる社交の場となっています。

歳を取っても、なじみの美容室には定期的に足を運ぶもの。食料品は宅配で頼めますが、美容室にはシルバーカーを押しながらでも自ら出向くほかありません。高齢者人口が徐々に増えて、一人暮らしの高齢者が多くなってくると、高齢者を見守るコミュニティのハブとして美容室をとらえ直すことが求められるようになるかもしれません。ほかの美容室との連携はもちろん、行政や病院などともうまくつながる方法が見つかったら、美容室にできることはたくさんあるのではないでしょうか。

個人情報の取り扱いなど、クリアするべき課題は多いのですが、「毎月予約が入っているお客さまが、突然いらっしゃらなくなった」とか「以前よりも元気がなくなり、物忘れがひどくなってきたようで心配」といった情報が共有できたら、美容室はコミュニティのためにもっともっとお役に立てるでしょう。

そんな大事なハブ、サロンとして機能できるポテンシャルを秘めた美容室が地方から消えていくのは大きな問題であり、これから解決するべき課題だと私はとらえています。

２０２０年5月末、コロナ禍で発出された最初の緊急事態宣言が明けた直後、多くのお客さまが私たちのサロンにいらっしゃいました。私たちもそうでしたが、ほかの美容室でも6月は前年比＋10％ほどの売上を記録しているところが大半だったようです。

コロナ禍では、医療従事者、スーパーマーケットやコンビニなどで生活必需品を扱う小売業者、物流を担うドライバー、ライフラインの維持・管理を担う人々など、いわゆるエッセンシャルワーカーの存在にスポットライトが当たりました。

美容師は通常エッセンシャルワーカーには含まれていませんが、緊急事態宣言が明けたあとにいらっしゃったお客さまがサロンワークで喜んでくださる様子を目の当たりにすると、美容師も世の中に欠かせない存在なのだと改めて認識しました。人間は衣食住が満たされているだけでは、満足できないものなのです。

それに加えて美容師、美容室がこれまで以上にコミュニティを支える役割が担えるのだとしたら、よりエッセンシャルな存在になれるでしょう。そうすれば、若者たちは、美容師という仕事により魅力とやりがいを感じてくれるようになるかもしれません。

美容師と美容室をいっそうエッセンシャルな存在にするためには何が必要なのか。同業者はもちろん、異業種の方々とも議論を重ね、試行錯誤を繰り返しながら、「天地自然の理に従い」「めぐり逢う方々を決して後悔させない」ために、今後も自分たちにできることを一つひとつ積み重ねたいと私は考えています。

最後になりましたが、こんなに楽しい人生を送ることができているこの世に、誕生させてくれた父と母。本書の出版に際して、原稿にかかりっきりで、また普段から家事は一切家内に任せっきりでも文句一つ言わず3食を賄ってくれた真寿美さん。おかげさまで私はまだ生きていられます。スタッフとの接し方のヒントをくれた3人の子供たちよ。社長らしいことは何もできていないですが、そんな私に付いてきてくれている私の愛すべきスタッフの皆さん。また、そのスタッフも含め、いつも私たちを応援してくれている大切なお客さま。夜ごと呑みながら未来の美容界について語り明かした経営者仲間の皆さま。そして、経営だけにとどまらず、人生のアイディアを泉の如く提供いただいた業界の皆さま。最後に、本書を手に取ってくださったあなたへ。また、これから出逢う未来の同志へ。言葉では伝えきれないほど感謝しております。本当にありがとうございました。皆さまのご健康とご多幸をお祈りいたしまして、ペンを置かせていただきます。